一年中の布絵アート

西本典子

かんたん やさしい 押し絵

日本ヴォーグ社

西本流 ◎ 押し絵の魅力

1：半立体のふっくら布絵
昔からある技法をより作りやすいように考案した、スポンジつき厚紙の上にちりめんを貼ったパーツを重ねる独自の技法で、誰でもかんたんに立体押し絵が作れます。

2：やさしいラインが和ませる、かわいらしい図柄
絵画を教えていた西本先生ならではの、柔らかいラインのちょっとユニークな図柄は、お部屋を飾るのにもぴったり。ちりめんの柄を生かせば図柄もより引き立ちます。

3：身近な用具から生まれる、繊細な表現
葉の葉脈を白のサインペンで描いたり、動物の顔に化粧品のほお紅を使ったり、身近にある用具を使って、細かい部分を仕上げ完成度を高めています。

4：小さなスペースでも一年中楽しめるミニ額サイズ
ミニ額1点を7×7cm（マット内径）の小さなサイズで統一し、背景を黒にそろえることで統一感が生まれます。1点でも数点組み合わせても、またスペースに合わせて飾れるのもポイントです。

メッセージ

もともと絵を描いていましたが、パッチワークをしていた姉を見て、布で描くことを始めました。日本の押し絵の技法をもとに、より簡単な技術を考え「布絵アート」と名付けました。ちりめんを使って小さなパーツを組み合わせ、ふっくらと完成させる押し絵は見る人を癒してくれます。まず短時間でできるミニ額から始めて、慣れたら大きな作品にぜひチャレンジしてみてください。毎日の暮らしに色を添えるかんたん押し絵が、より多くの方に楽しんでいただけますように。

西本典子

兵庫県生まれ。大阪府在住。女子美術大学卒業。自宅にて絵画教室を主宰、1993年押し絵の技法をもとにした半立体的な額絵を「布絵アート」と名付け発表。各文化センター、百貨店などで教室、作品展開催。ヴォーグ学園東京、横浜、名古屋校講師。NHKおしゃれ工房出演。著書に「かんたん押し絵」「かんたん押し絵その二」（小社刊）。

本書に掲載の作品を複製して販売（店頭、ネットオークション、バザーなど）することは禁止されています。個人で手作りを楽しむためにのみご利用ください。

目次

【その一】幸せを呼ぶモチーフ

1　富士山…p.4
2　かえる…p.5
3　ふくろう…p.5
4　打ち出の小槌…p.6
5　まゆ玉…p.6
6　招き猫…p.7
7　招きぶた…p.7

【その二】和菓子・洋菓子ならべ

8　和菓子ならべ…p.8
9　洋菓子ならべ…p.10

【その三】花のコレクション

10　花水木…p.12
11　すずらん…p.13
12　浜昼顔…p.13
13　たちあおい…p.13
14　蓮…p.14
15　ハイビスカス…p.16
16　カラー…p.17
17　ポピー…p.18
18　アマリリス…p.20
19　胡蝶蘭…p.21

【その四】日本の歳時記

20　七草粥…p.22
21　節分…p.23
22　うさぎの吊り飾り…p.24
23　ひな人形…p.25
24　端午の節句…p.26
25　梅雨の頃…p.27
26　涼風…p.28
27　うさぎのお月見…p.29
28　ハロウィン…p.30
29　クリスマス…p.31

【その五】晴れの日に

30　七五三…p.32
31　お宮参り…p.33
32　着物…p.34
33　うさぎの婚礼…p.35
34　結婚式…p.36
35　市松人形…p.37

【その六】かわいい動物

36　ネコ…p.38
37　スコティッシュフォールド…p.38
38　アビシニアン…p.38
39　フレンチブルドック…p.39
40　パグ…p.39
41　セキセイインコ…p.40
42　オカメインコ…p.40
43　ボタンインコ…p.40
44　ペンギン…p.42

かんたん押し絵の基礎知識…p.43
Lesson 1◎花水木を作りましょう…p.44・45
Lesson 2◎かえるを作りましょう…p.46〜48

この本に関するご質問は、お電話またはWEBで
書名／かんたん　やさしい押し絵
本のコード／NV70445　担当／寺島
Tel:03-3383-0634（平日13：00〜17：00受付）
Webサイト「日本ヴォーグ社の本」
http://book.nihonvogue.co.jp/
※サイト内「お問い合わせ」からお入りください（終日受付）。
※Webでのお問い合わせはパソコン専用になります。

【その一】
幸せを呼ぶモチーフ
家の中に幸運を運ぶモチーフ。贈り物にもぴったり。

1 富士山
日本人の心の故郷、富士山は見るだけで癒されます。
●作り方52ページ

2 かえる

かえるは「無事かえる」の安全祈願を込めて。
◉作り方レッスン46ページ

3 ふくろう

知恵の神様や「ふくろう＝不苦労」としても人気の動物。
◉作り方52ページ

◆ 4 打ち出の小槌
振ると宝が出る、と昔話でも登場するモチーフ。
◉作り方53ページ

◆ 5 まゆ玉
枝に餅や飾りをつけたまゆ玉は、豊作を祈る飾りもの。
◉作り方53ページ

 6 招き猫

商売繁盛、招き猫。
上げた手で福を呼びます。
ぶちはぼかしのちりめんで。
◉作り方54ページ

 7 招きぶた

中国では縁起が良いとして人気のぶたを、
ユーモラスな招きぶたに。
◉作り方54ページ

【その二】和菓子・洋菓子ならべ

美味しそうなお菓子は、ちりめんの素材感とふっくら押し絵にぴったりのモチーフです。

8 和菓子ならべ

左は花びら餅、柏餅、桜餅の3点セット。
右は椿餅、水ようかん、菊の練り切りをミニ額に。
ぼかしのちりめんや絞りを上手く使って、本物そっくり。
◉作り方56・57ページ

マカロン、キャンディ、クッキーと
人気の洋菓子も素材の特徴を生かして
素敵な押し絵に。

10 「かんたん やさしい 押し絵」

9 洋菓子ならべ

金平糖にドーナツ、箱に入ったチョコレート。
どれもお茶の時間の楽しいお供です。
●作り方58・59ページ

【その三】花のコレクション

花は細かい部分を色鉛筆やほお紅を使って繊細に。季節に応じて楽しめます。

◆ 10 花水木

白い花水木は大きな花びらにつぼみと葉も組みわせて立体的に。
●作り方レッスン44ページ

12 浜昼顔

浜昼顔は、ちりめんの白とピンクの
ぼかし柄で華やかに作ります。
◉作り方55ページ

11 すずらん

すずらんの茎はひもを使って、
葉脈は色鉛筆で描きます。
◉作り方55ページ

13 たちあおい

夏の花、たちあおいはひもを使った花芯で立体的に。
◉作り方55ページ

14 蓮

花びらと茎と葉の重なりで、立ち姿の美しい蓮が生まれます。
◉作り方60ページ

14 「かんたん やさしい 押し絵」

15 ハイビスカス

明るいハイビスカスは、色と花の向きで表情を変えて大きな額に。
◉作り方62ページ

16 カラー

細くなる先端部分や花の色でカラーを上手く表現。
◉作り方61ページ

18 「かんたん やさしい 押し絵」

17 ポピー
重ねた花びらの中心に丁寧に刺しゅうを加えたポピー。
●作り方64ページ

18 アマリリス

花とつぼみを組み合わせ、ボリュームのあるアマリリスに。
◉作り方65ページ

◆19 胡蝶蘭

優美な胡蝶蘭は中心部分の描写にこだわって本物らしく。
●作り方66ページ

【その四】日本の歳時記

季節の行事にぴったりの額は、四季に応じて楽しめます。

一月

20 七草粥

1月7日に無病息災を願って食べる七草粥。
漆の皿に特徴を生かした七草を並べます。
●作り方68ページ

22 「かんたん やさしい 押し絵」

21 節分

鬼とおたふくの面に桝には豆も入れて。楽しい節分の額。
◉作り方70ページ

二月

22 うさぎの吊り飾り

桃の節句にはかわいいうさぎのお雛様と吊るし飾りを合わせた額を。
●作り方72ページ

三月

23 ひな人形

格調高いひな人形の着物には、小さな柄のちりめんを選びましょう。
◉作り方74ページ

三月

24 端午の節句

子どもの日の額は背景に菖蒲の花、手前に兜を飾って奥行を出しています。
◉作り方71ページ

五月

25 梅雨の頃

雨続きの日にはこんな額が楽しい気分を呼んでくれそう。
◉作り方76ページ

六月

26 涼風

蚊取り線香と風鈴は夏の風物詩。小さな部分は色鉛筆で描いて表現。
●作り方77ページ

八月

27 うさぎのお月見

満月とお団子に、並んだ2匹のうさぎが愛らしいデザインです。
◉作り方78ページ

九月

十月

28 ハロウィン
子どもが喜ぶイベントは、
わかりやすいモチーフをユニークに表現。
◉作り方79ページ

十二月

29 クリスマス

小枝のほうきに乗ったサンタは、ベアと一緒に雰囲気を盛り上げます。
◉作り方80ページ

【その五】

晴れの日に

人生の節目の晴れの日にふさわしい、押し絵の額を楽しみましょう。

30 七五三

千歳あめをもった七五三の額は、かわいい女の子へのプレゼントに。
●作り方82ページ

31 お宮参り

お誕生を祝うお宮参りのモチーフを集めた額。元気に育ちますように。
●作り方84ページ

32 着物

着物とはこせこは美しいちりめんの柄を生かして。
●作り方86ページ

33 うさぎの婚礼

新しい2人の旅立ちを祝う、婚礼の額。艶やかな打掛も押し絵で表現。
◉作り方88ページ

34 結婚式

婚礼衣装と三三九度の盃で上品な結婚式を表現。お祝いにもぴったり。

●作り方90ページ

36 「かんたん やさしい 押し絵」

35 市松人形

女の子のお誕生日のお祝いには
押し絵の市松人形も素敵です。
◉作り方92ページ

【その六】かわいい動物

いつも身近な友だちの動物は、表情豊かに作品にしましょう。

◆36 ネコ
フレームからはみ出る程のネコは眠そうな顔が和みます。
●作り方94ページ

◆37 スコティッシュフォールド
特徴は折れた耳と短い首。丸い目も愛らしい。
●作り方94ページ

◆38 アビシニアン
きれいな被毛と大きく立った耳がかわいいアビシニアン。
●作り方94ページ

39 フレンチ
ブルドック

白い毛並に愛らしい目を
印象的に表現しています。
◉作り方93ページ

40 パグ

影やしわは色鉛筆を使って
上手に描きます。
◉作り方93ページ

40 「かんたん やさしい 押し絵」

41 セキセイインコ

背中の黄色に黒の羽根部分はペンで着色して表現。
◉作り方95ページ

42 オカメインコ

頬はほお紅で着色し、目には黒いビーズをとめています。
◉作り方95ページ

43 ボタンインコ

ぼかしのちりめんを使ってきれいなグラデーションを。
◉作り方95ページ

44 ペンギン

かわいらしいペンギンは、背景にプリント布を使って海を表現。
◉作り方93ページ

42 「かんたん やさしい 押し絵」

かんたん押し絵の基礎知識

【必要な用具】

用具協力／②③⑤⑧クロバー株式会社

①はさみ…布や紙を切るはさみです。先の細いクラフト用が便利。
②目打ち…布を折り込んだり、小さなパーツを貼る際に使います。金属部分が細くて長い物が便利。
③手芸用ボンド…コードやパーツの接着に使用。
④スティックのり…型紙をスポンジつき厚紙に貼る際に使用。
⑤方眼定規…長さを測る際などに使用。方眼つきのものが便利。
⑥スポンジつき厚紙…厚紙に薄いスポンジが貼りあわせてあるもの。大きな手芸店などで売っています。ない場合、厚紙に薄手キルト芯を接着して作ります（右参照）。
⑦マスキングテープ…貼ってはがせる紙製のテープ。額に入れる際にベースとマットを固定します。
⑧両面テープ…幅の太い1.2cm、幅の細い0.5cmや0.3cmなど数種類用意しましょう。

スポンジつき厚紙
厚紙に薄いスポンジが接着されています。カットしてもスポンジは崩れません。

★スポンジつき厚紙が手に入らない場合は、厚紙にボンドを全体的に薄く塗り、その上に薄手キルト芯を接着します。ボンドがしっかり乾いてから使用します。

【あると便利なもの】

用具協力／⑨クロバー株式会社

①ほお紅…花や顔などに使用します。綿棒に少しつけて直接塗ります。布絵には明るいピンクが適しています。
②アイシャドウ…動物のしわや影などに使用します。
③パンチ…紙用のパンチです。動物の目など小さな正円の布が欲しい時に使います。
④綿棒…ほお紅をつける時に使用。先が固い場合は軽くほぐして使うと色がのりやすくなります。
⑤サインペン、カラーボールペン…顔や葉の葉脈、細部を描く際に使用。0.25〜0.4mmの先細を用意します。
⑥アイブロー…動物の縞などを描く際に使います。
⑦色鉛筆…細かい部分を描く際に削って使います。
⑧スプレーのり…切りっぱなしの葉などにハリを持たせ、ほつれてこないように使用します。
⑨はさみクリーナー…はさみや目打ち、針などについた両面テープののりを落とすことができます（右参照）。

便利なはさみクリーナー
はさみの刃や針の汚れが気になる部分に液を塗り、乾いた布で拭き取ります。においもなく、ペンタイプで便利。

【ベースの作り方】

押し絵のパーツを乗せる土台になる部分。作品サイズに合わせて作りましょう。作品部分が7cm角の場合は9cm角のものを用意します。

1. 9cm×9cmにカットした厚紙と黒のちりめんを用意し、ちりめんの裏の四方に両面テープを貼ります。

2. テープを1辺ずつはがしながら厚紙に接着します。しわが寄らないようにしましょう。

3. 4辺をしっかり接着してでき上がり。

【マットと裏の始末】

※写真は7cm角のミニ額の場合。

1. 額のサイズに合わせた白の厚紙を用意します、中心を7×7cmの四角にくりぬき裏から布絵をあてます。

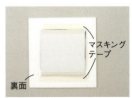

2. ずれないように裏面に返し、上下をマスキングテープでとめて固定し額に入れます。

43

Lesson 1 | 花水木を作りましょう 作品／p.12 …図案はp.91

ふっくら花びら花水木を作りましょう。つぼみと葉も合わせて立体的に仕上げます。

●材料

布／ベース…黒のちりめん　葉…緑のぼかしちりめん　花びら…（1〜4）白ちりめん　つぼみ…（6〜8）黄緑ちりめん　花芯…（5）しぼり

その他／茶色の太コード　黄緑の太コード　スポンジつき厚紙　両面テープ　手芸用ボンド　厚紙　ほお紅　白のサインペン

1 型紙をカットします

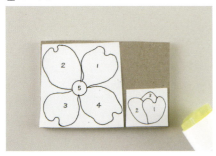

1. スポンジつき厚紙に型紙を貼ります。型紙が反転しているか確認しましょう（詳しい説明は50ページ）。

2. 型紙の輪郭に沿ってカットします。細かい部分も丁寧にカットしましょう。

2 型紙に布を接着します

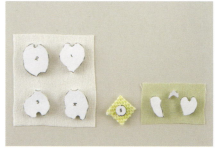

1. 花びら、花芯、つぼみとそれぞれ布の裏面に、スポンジ面を下にして置きます。

2. 型紙と布の両方にかかるように両面テープを貼ります。

3. 表に返します。

Point！

4. 型紙の輪郭に沿って目打ちでなぞるようにすると、スポンジがきれいに浮き上がります。

3 カットした布を折り込みます

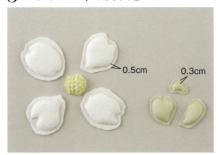

1. 布の折り込み部分を約0.5cmつけて周囲をカットします（細かいパーツは0.3cm）。

2. 裏に返して両面テープのはく離紙をはがします。目打ちを使うと便利です。

Point！

3. 折り込み部分を接着面に折り込みます。凹んだ部分は切り込みを入れてから折り込みましょう。

44 「かんたん やさしい 押し絵」

4. カーブの部分は少しギャザーを寄せるようにして折り込みます。

5. パーツができました。
Point! 上にパーツが重なる部分は布を折り込まずにおきます。

4 パーツを組み立てます

1. 花びら4枚と花芯の裏に両面テープを貼り、形に沿ってテープをカットします。

2. つぼみも同様に布を折り、裏に両面テープを貼ります。

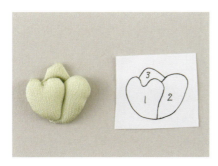
3. 完成図を見ながら、下に来るパーツから順に置き、両面テープで貼りながら組み立てます（重なる部分だけをテープで貼る）。

4. 花びらは4枚を順に完成図の上に仮においで配置します（ここでは花を組み立てるため完成図には貼らない）。

5. 中心に花芯を置き、両面テープで貼ります。

5 仕上げます

1. 綿棒の先にほお紅をつけ、花びらのくぼみを塗ります。

2. 型紙で葉を6枚カットし、白のサインペンで葉脈を描きます。ほつれないようスプレーのりをかけておきます。

3. 花の裏に両面テープで茎になる茶色のコードを貼ります。

4. つぼみにも同様にコードを貼り、さらに葉をボンドでつけます。

5. ベースに茎と葉をボンドでバランスよく貼ります（マットの外に出る葉の先端は貼らない）。

6. マットを用意します（43ページ参照）。

7. 花とつぼみをバランスよく配置し、両面テープでベースに貼ってでき上がり。

Lesson 2 | かえるを作りましょう 作品／p.5 …図案はp.91

愛らしいかえるを作りましょう。本体と蓮の葉と花はそれぞれ別に作って組み立てます。

●材料
布／ベース…黒のちりめん　葉…緑と深緑のぼかしちりめん　がく…黄緑ぼかしちりめん　花びら(A1〜5)…ピンクちりめん　かえる本体(手含む)…(B1〜9)緑ちりめん　かえる腹…(B-4)ベージュちりめん　目…白・黒ちりめん
その他／黄緑の太コード　黄緑の細コード　黄緑25番刺しゅう糸　スポンジつき厚紙　両面テープ　手芸用ボンド　厚紙

1 型紙をカットします

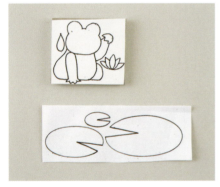

1. スポンジつき厚紙に型紙を貼ります。型紙が反転しているか確認しましょう（詳しい説明は50ページ）。

2. 型紙の輪郭に沿ってカットします。

2 型紙に布を接着します

1. かえる本体、かえる腹、花とそれぞれ布の裏面に、スポンジ面を下にして置きます。

3 カットし布を折り込みます

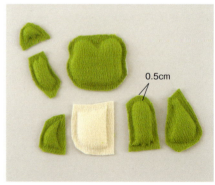

2. 型紙と布の両方にかかるように両面テープを貼ります。

3. 表に返します。

1. 布の折り込み部分を約0.5cmつけて周囲をカットします（細かいパーツは0.3cm）。

46 「かんたん やさしい 押し絵」

2.裏に返して両面テープのはく離紙をはがし、折り込み部分を接着面に折り込みます。凹んだ部分は切り込みを入れて折り込みましょう。

3.パーツができました。

4 パーツを組み立てます

4.上にパーツが重なる部分は布を折り込まずにおきます。

5.表から見たところ。

1.裏に両面テープを貼り、形に沿ってテープをカットします。

B-1・2は両面テープをはさむようにちりめんを貼り、カットする

2.下に来るパーツから順に置き、両面テープで貼りながら組み立てます(重なる部分だけをテープで貼る)。

3.さらに組み立てます。

4.最後に左手を貼ります。

5.顔にパンチで正円にカットした白ちりめん、黒ちりめんをボンドで貼ります。

Lesson 2 | かえるを作りましょう

5 仕上げます

6. 口を25番刺しゅう糸3本どりで刺しゅうします。

7. 本体に顔を貼ります。

1. 先にスプレーのりをかけておき、型紙で葉を3枚カットします。

2. 葉の裏に太いコードをボンドで貼ります。貼りやすいようにコードの先をほぐすとよいでしょう。

3. 花のつぼみ(A-6)に緑の細コードを貼り、三角形にカットし接着テープをはったがく2枚を用意します。

4. 接ぎ目を隠すようにがくを巻きつけて貼ります。

5. ベースに、かえる同様に布を折り組み立てた花と葉、つぼみをボンドでバランスよく貼ります。

6. かえるを配置して貼り、手に太コードを貼った葉をバランスよく持たせて配置し、接着テープでベースに貼ります。

7. マットを用意し(43ページ参照)、葉を外に出し、太コードは中に入れるようにして貼り、でき上がり。

「かんたん やさしい 押し絵」

この本に登場する作り方・用語

折り山…布を折った折り目の部分。
折り代…布を折り込む際に必要な余分な布のこと。
型紙…でき上がり寸法の図案のこと。この本ではでき上がり寸法の図案をスポンジつき厚紙貼り、カットしたものもそう呼んでいる(注意：本の図案を必ず反転させて作ること)。
完成図…本に掲載されている図案。
外表…布の裏側と裏側を合わせること。ちなみに表側と表側を合わせることを中表という。
裁ち切り…縫い代をつけずにでき上がり寸法どうりに裁つこと。
ベース…押し絵を貼る、土台になる布のこと。
二つ折り…一度布を一定幅に折ること。
三つ折り…一度折り、再度一定幅で折ること。
わ…布を二つ折りした時の折り山のこと。

かんたん押し絵のアレンジ方法

押し絵は額だけでなく、様々にアレンジして楽しむことができます。参考例をご紹介します。

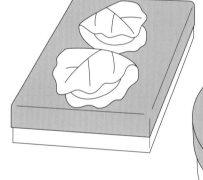

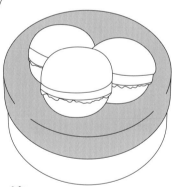

●布絵を既製の箱に貼って

組み立てたモチーフだけを既製の紙箱などに貼ってみましょう。お菓子の箱などに紙を貼った上に貼っても素敵です。

●メッセージと合わせてカードに

布絵の上に正方形にくりぬいた紙を重ねてカードに仕立てて。メッセージと一緒に贈りましょう。

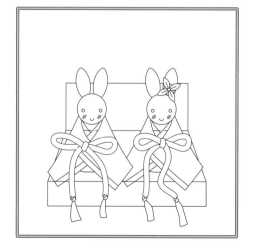

●色紙に貼って壁飾りに

お雛様や動物など、布絵のモチーフを小さな色紙に貼れば素敵な壁飾りになります。

かんたん押し絵の作り方：おさらい

きれいに作品を仕上げるためには下準備が必要です。
作品を作り始める前に一度、かんたん押し絵の流れをおさらいしましょう。

1 作りたい作品を決め、用具や材料を準備する　※詳しくは43ページ参照。

★布について：この本の作品は主に無地や柄のちりめんや着物地、綿など使っています。作品に合わせて選びましょう。

2 ベースを作る　※詳しくは43ページ参照。

3 図案を写し、型紙を作る

図案をそのまま写す（完成図）

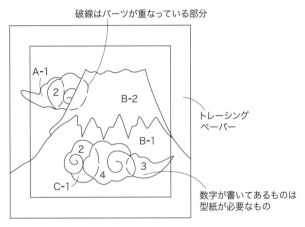

トレーシングペーパーなどの透ける用紙に本に掲載の図案をそのまま写します。これが完成図になります。

反転させパーツを写す（型紙）

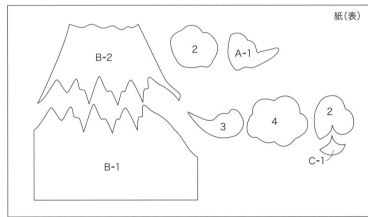

次に別の紙に図案を反転させ、数字の書いてあるパーツのみを写します。これが型紙なります。数字は組み立てる順番を表しています。型紙には数字も書いておきましょう。

4 型紙をカットする

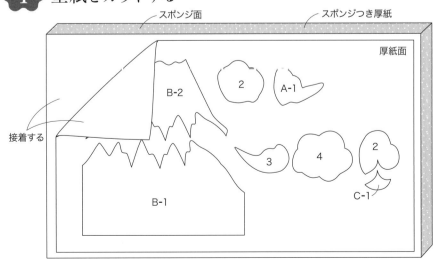

型紙をスポンジつき厚紙（43ページ参照）の厚紙面に貼り、輪郭に沿ってカットします。細かい部分も丁寧にカットしましょう。

5 型紙に布を接着する

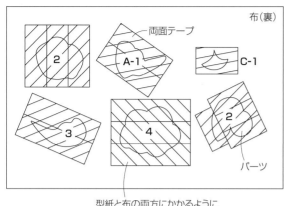
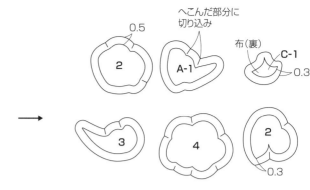

布の裏面に型紙のスポンジ面を合わせ、型紙と布の両方にかかるように両面テープを貼ります。布の折り込み部分を0.5cm残して、布をカットします。小さなパーツや尖った部分などは0.3cm残します。

6 布を折り込む

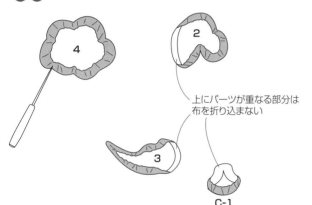
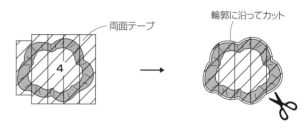

両面テープのはく離紙をはがし、型紙に沿って布を接着面に折り込みます。上にパーツが重なる部分は布を折り込まずにおきます。カーブ部分は少しギャザーを寄せるようにするとよいでしょう。目打ちを使うと便利です。刺しゅうをする場合はこの段階で布だけをすくって刺します。布を折り込んだら再度裏に両面テープを貼り、型紙の輪郭に沿ってカットします。

7 組み立てる

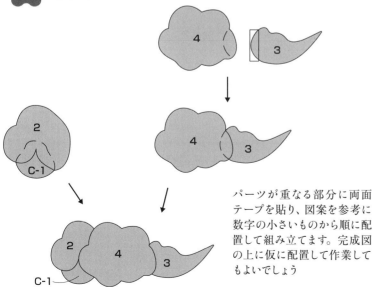

パーツが重なる部分に両面テープを貼り、図案を参考に数字の小さいものから順に配置して組み立てます。完成図の上に仮に配置して作業してもよいでしょう。

8 仕上げ

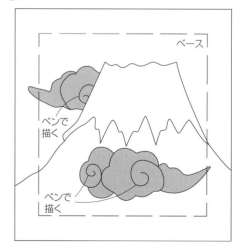

ベースの上にパーツを配置し、両面テープのはく離紙を剥がして貼ります。マットの寸法より外側にでるコードなどはテープでとめておきましょう。

★掲載の図案は内径7cm×7cmのマットに入れてバランスのよいサイズで書かれています。

図案、型紙はすべて実物大

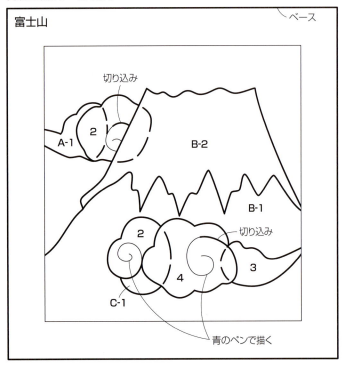

1 富士山 ●写真4ページ

【材料】
布／ベース…黒のちりめん　雲…水色ぼかしのちりめん
山肌…紫ぼかしのちりめん　雪…白のちりめん
その他／スポンジつき厚紙　両面テープ　厚紙

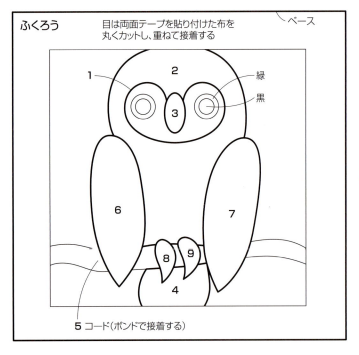

3 ふくろう ●写真5ページ

【材料】
布／ベース…黒のちりめん　ふくろう…茶系紬、茶柄・黄・緑・黒・白のちりめん
その他／茶色の中コード　スポンジつき厚紙　両面テープ　厚紙

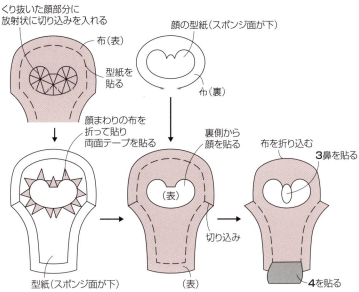

図案、型紙はすべて実物大

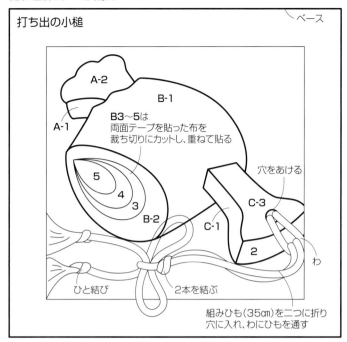

4 打ち出の小槌 ●写真6ページ

【材料】
布／ベース…黒のちりめん　小槌…紫・柄・オレンジ・黄・緑のちりめん
その他／赤の組みひも　スポンジつき厚紙　両面テープ　厚紙

目と口は両面テープを貼った布を裁ち切りにカットし、重ねて貼る

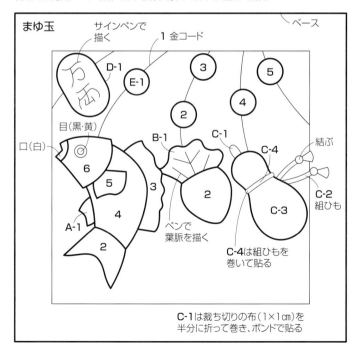

5 まゆ玉 ●写真6ページ

【材料】
布／ベース…黒のちりめん　鯛…赤・柄のちりめん　黒・白・黄のちりめん　かぶ…緑・白のちりめん　ひょうたん…赤・ピンク柄のちりめん　小判…金帯地　まゆ玉…緑・黄・紫・黄緑のちりめん
その他／金のコード　赤の組みひも　スポンジつき厚紙　両面テープ　厚紙

53

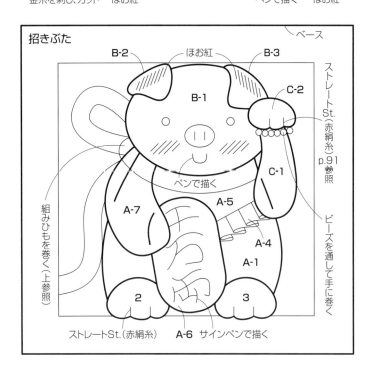

6 招き猫 ●写真7ページ

【材料】
布／ベース…黒のちりめん　猫…白・グレー・赤・赤柄・黒・黄・オレンジのちりめん　金の帯地
その他／赤絹糸　金糸　赤の組みひも　スポンジつき厚紙　両面テープ　厚紙

7 招きぶた ●写真7ページ

【材料】
布／ベース…黒のちりめん　ぶた…白・オレンジ・赤柄のちりめん　金の帯地
その他／ピンクのフェルト　赤絹糸　赤の組みひも　丸ビーズ黒・ピンク　スポンジつき厚紙　両面テープ　厚紙

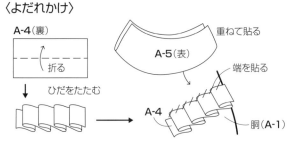

11 すずらん ●写真13ページ

【材料】
布／ベース…黒のちりめん　すずらん…白のちりめん　葉…緑の綿ちりめん　黄緑のちりめん
その他／緑の中コード　細コード　スポンジつき厚紙　両面テープ　厚紙

12 浜昼顔 ●写真13ページ

【材料】
布／ベース…黒のちりめん　浜昼顔…ピンクぼかし・白のちりめん　葉…緑のムラ染めの綿
その他／緑の中コード　ペップ　スポンジつき厚紙　両面テープ　厚紙

13 たちあおい ●写真13ページ

【材料】
布／ベース…黒のちりめん　たちあおい…赤ぼかし・黄緑のちりめん　葉…緑の綿ちりめん
その他／緑・白の中コード　スポンジつき厚紙　両面テープ　厚紙

図案、型紙はすべて実物大

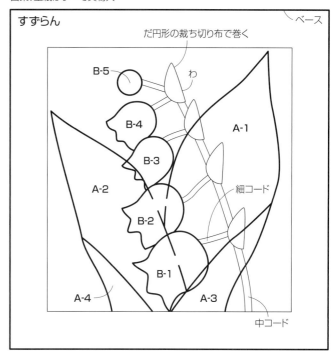

〈たちあおいの花芯〉

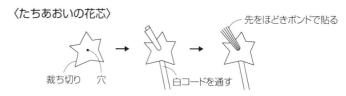

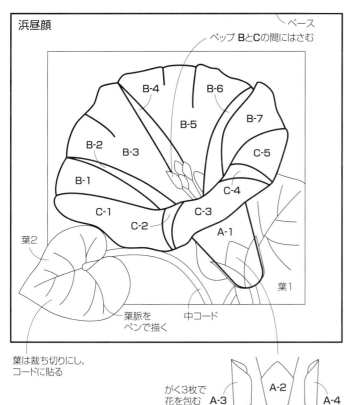

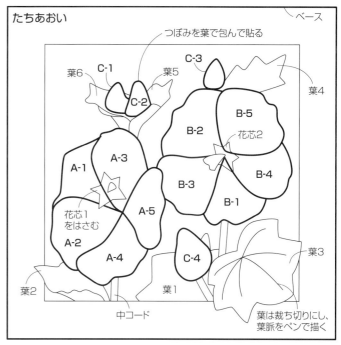

55

図案、型紙はすべて実物大

8 和菓子ならべ ●写真8ページ

花びら餅
【材料】
布／ベース…青柄ちりめん　皿…赤のちりめん　餅…ピンクぼかしちりめん　ごぼう…灰色柄ちりめん
その他／中コード　スポンジつき厚紙　両面テープ　厚紙

柏餅
【材料】
布／ベース…黒のちりめん　敷物…粗めの織り布　葉…緑のぼかしちりめん　餅…生成りのちりめん
その他／スポンジつき厚紙　両面テープ　厚紙

桜餅
【材料】
布／ベース…ベージュ柄のちりめん　懐紙…赤・白のちりめん　餅…ピンクぼかしのちりめん　葉…茶のちりめん
その他／スポンジつき厚紙　両面テープ　厚紙

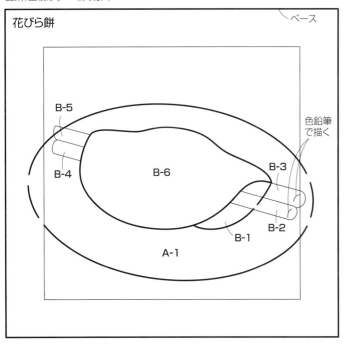

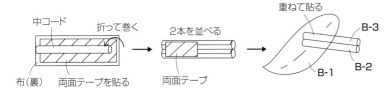

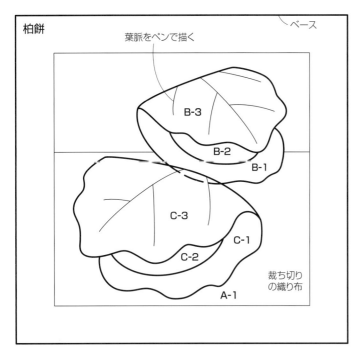

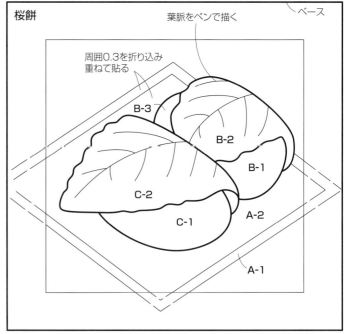

56 「かんたん やさしい 押し絵」

8 和菓子ならべ ●写真9ページ

水ようかん
【材料】
布／ベース…黒のちりめん　皿…灰色柄のちりめん　水ようかん…白・水色ぼかしのちりめん　葉…緑のちりめん
その他／ミニチュアのすだれ　スポンジつき厚紙　両面テープ　厚紙

練り切り（菊）
【材料】
布／ベース…黒のちりめん　皿…灰色柄のちりめん　花…黄ぼかしのちりめん　葉…緑のちりめん　花芯…黄しぼりのちりめん
その他／スポンジつき厚紙　両面テープ　厚紙

椿餅
【材料】
布／ベース…黒のちりめん　葉…緑のちりめん　餅…ピンクぼかし・薄緑ぼかしのちりめん　花芯…黄しぼりちりめん
その他／スポンジつき厚紙　両面テープ　厚紙　金糸

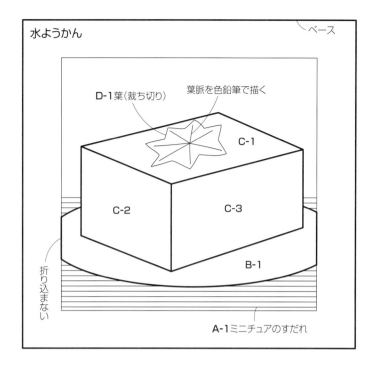

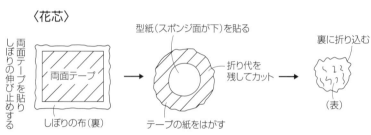

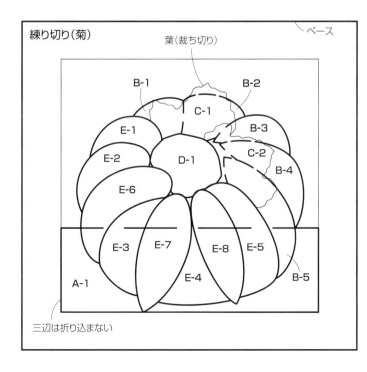

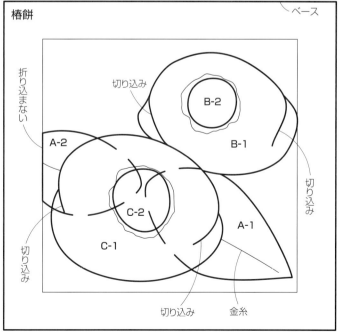

図案、型紙はすべて実物大

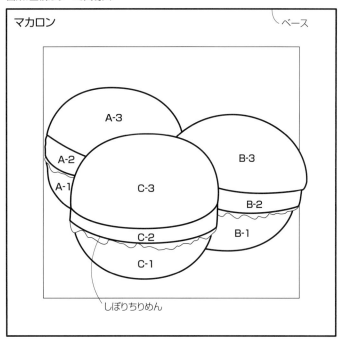

9 洋菓子ならべ ●写真10ページ

マカロン
【材料】
布／ベース…黒のちりめん、みかん色・黄・黄緑のぼかしちりめん、同色のしぼりちりめん
その他／スポンジつき厚紙　両面テープ　厚紙

キャンディ
【材料】
布／ベース…黒のちりめん、赤・紫・青・緑・ピンク系柄のちりめん
その他／スポンジつき厚紙　両面テープ　厚紙

クッキー
【材料】
布／ベース…黒のちりめん、ベージュ柄・黄土色・白・茶系のちりめん
その他／スポンジつき厚紙　両面テープ　25番刺しゅう糸白　中コード　ワイヤー　厚紙

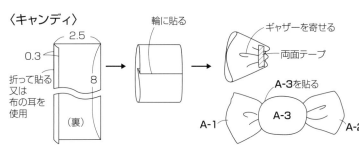

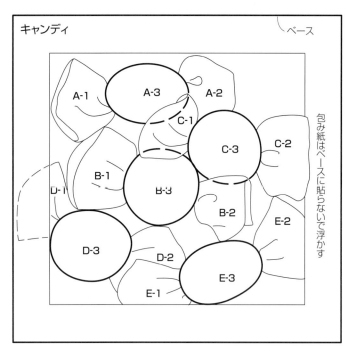

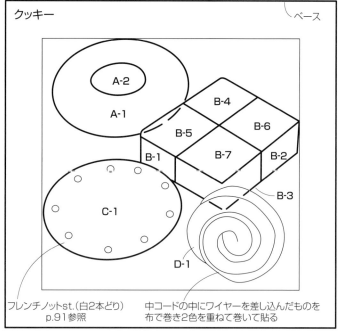

58 「かんたん やさしい 押し絵」

9 洋菓子ならべ ●写真11ページ

チョコレート
【材料】
布／ベース…黒のちりめん　箱…だいだいのちりめん　チョコレート…こげ茶4種・緑のちりめん
その他／スポンジつき厚紙　両面テープ　厚紙　ビーズ　金の細・太コード

ドーナツ
【材料】
布／ベース…黒のちりめん、茶・黄土・ピンクぼかし・生成り柄のちりめん
その他／スポンジつき厚紙　両面テープ　厚紙　25番刺しゅう糸茶

金平糖
【材料】
布／ベース…黒のちりめん　器…紫柄のちりめん　金平糖…黄・白・黄緑・ピンクしぼりのちりめん
その他／スポンジつき厚紙　両面テープ　厚紙

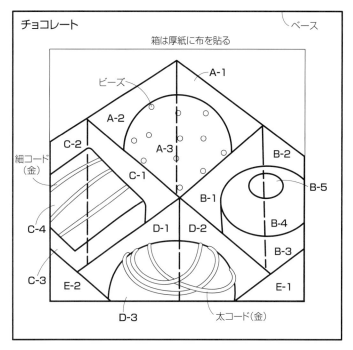

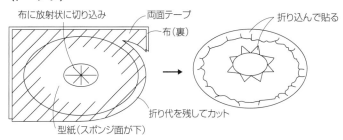

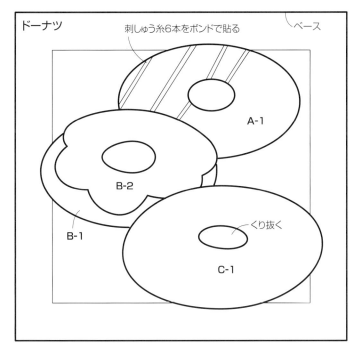

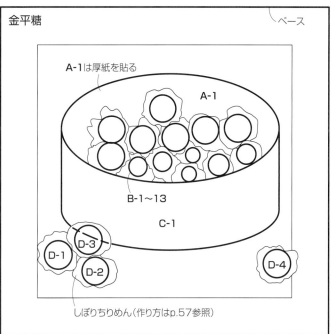

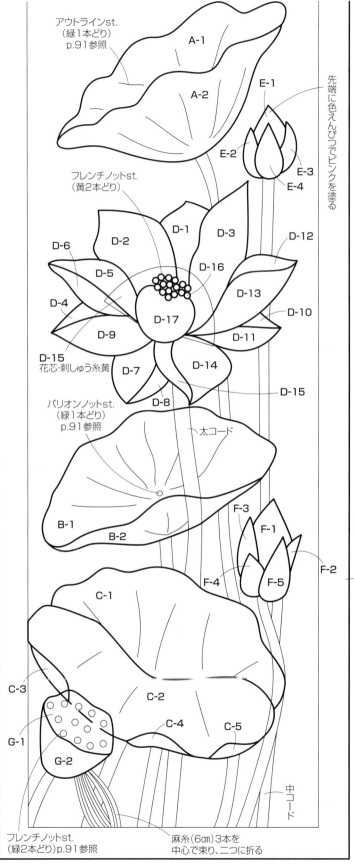

14 蓮 ●写真14ページ

【材料】
布／ベース…黒のちりめん　葉・茎…緑ぼかし綿ちりめん
花…ピンクぼかし・黄・黄緑ぼかしのちりめん
その他／スポンジつき厚紙　両面テープ　厚紙　緑の太・中コード　麻糸　25番刺しゅう糸緑・黄

図案は実物大を80%に縮小
（コピー機で125%に拡大すると実物大になります）

ベース(32×12cm)

〈花芯・D-15〉

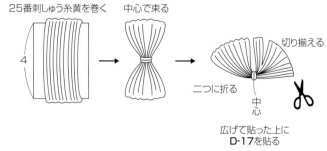

16 カラー ●写真17ページ

【材料】
布／ベース…黒のちりめん　葉・茎…緑ぼかし綿ちりめん
花…白・黄緑ぼかしのちりめん
その他／スポンジつき厚紙　両面テープ　厚紙　黄緑の細コード

図案は実物大を80％に縮小
（コピー機で125％に拡大すると実物大になります）

〈組み立て方〉

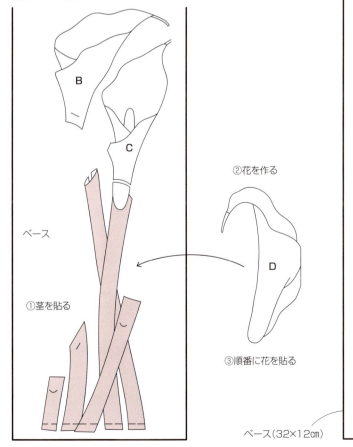

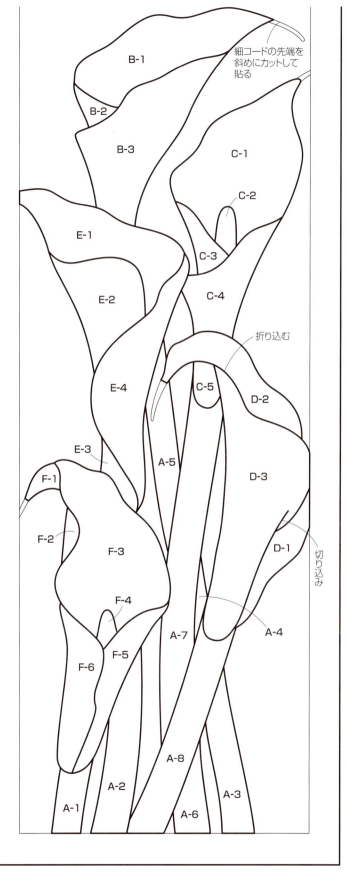

図案、型紙はすべて実物大

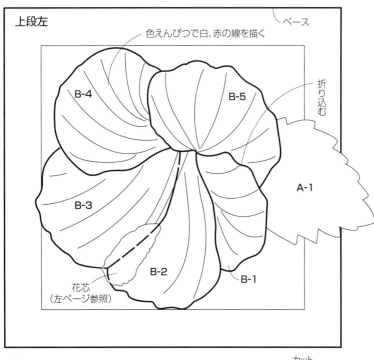

15 ハイビスカス ●写真16ページ

(上段左)
【材料】
布/ベース…黒のちりめん　花…朱色ぼかしのちりめん
葉…深緑の綿ちりめん　花芯…黄しぼり・赤のちりめん
その他/スポンジつき厚紙　両面テープ　厚紙
赤の中コード

(上段中)
【材料】
布/ベース…黒のちりめん　花…黄ぼかしのちりめん
葉…深緑綿ちりめん　花芯…黄しぼり・黄のちりめん
その他/スポンジつき厚紙　両面テープ　厚紙
黄の中コード

(上段右)
【材料】
布/ベース…黒のちりめん　花…ピンクぼかしのちりめん
葉…深緑綿ちりめん　花芯…黄しぼり・黄のちりめん
その他/スポンジつき厚紙　両面テープ　厚紙　黄の中コード

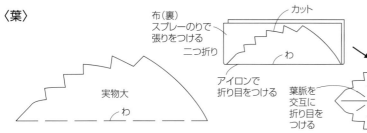

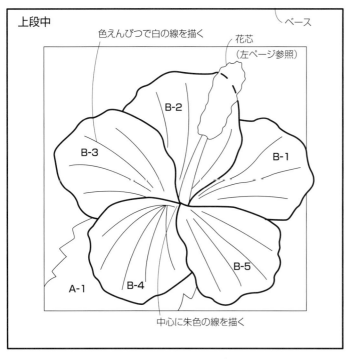

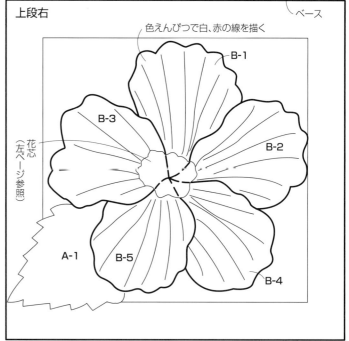

62 「かんたん やさしい 押し絵」

15 ハイビスカス ●写真16ページ

(下段左)
【材料】
布／ベース…黒のちりめん　花…黄のちりめん　葉…緑ぼかし綿ちりめん　花芯…黄しぼり・黄のちりめん
その他／スポンジつき厚紙　両面テープ　厚紙　黄の中コード

(下段中)
【材料】
布／ベース…黒のちりめん　花…濃ピンクぼかしのちりめん
葉…深緑綿ちりめん　花芯…黄しぼり・赤のちりめん
その他／スポンジつき厚紙　両面テープ　厚紙　赤の中コード

(下段右)
【材料】
布／ベース…黒のちりめん　花…みかん色ぼかしのちりめん
葉…緑ぼかし綿ちりめん　花芯…黄しぼり・赤のちりめん
その他／スポンジつき厚紙　両面テープ　厚紙　みかん色の中コード

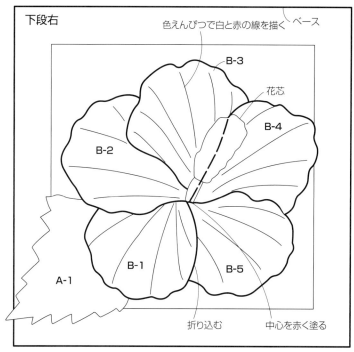

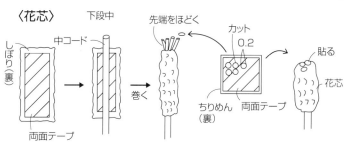

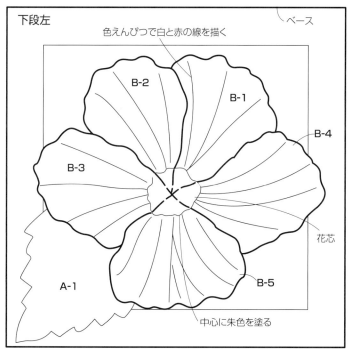

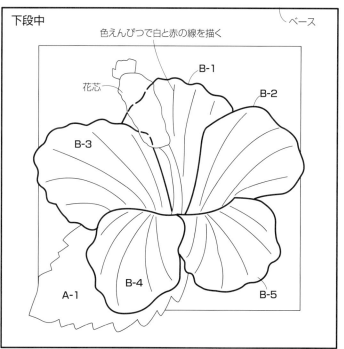

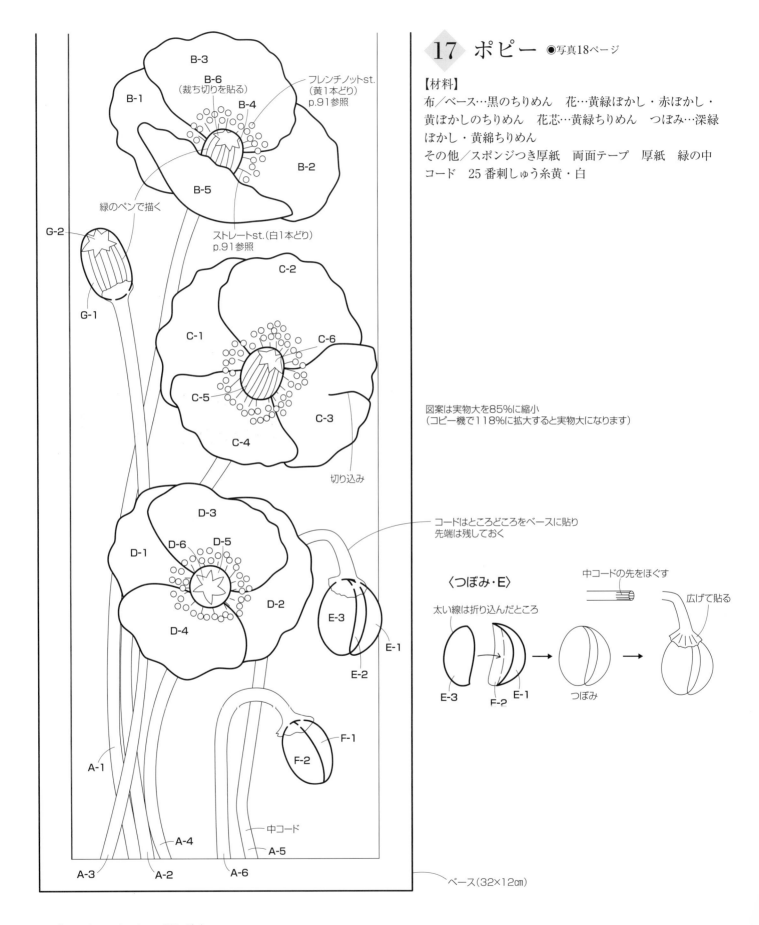

17 ポピー ●写真18ページ

【材料】
布／ベース…黒のちりめん　花…黄緑ぼかし・赤ぼかし・黄ぼかしのちりめん　花芯…黄緑ちりめん　つぼみ…深緑ぼかし・黄綿ちりめん
その他／スポンジつき厚紙　両面テープ　厚紙　緑の中コード　25番刺しゅう糸黄・白

図案は実物大を85%に縮小
（コピー機で118%に拡大すると実物大になります）

18 アマリリス ●写真20ページ

【材料】
布／ベース…黒のちりめん　茎・がく…緑ぼかしの綿ちりめん
花・つぼみ…朱ぼかしの平絹
その他／スポンジつき厚紙　両面テープ　厚紙　ペップ3本
めしべ1本

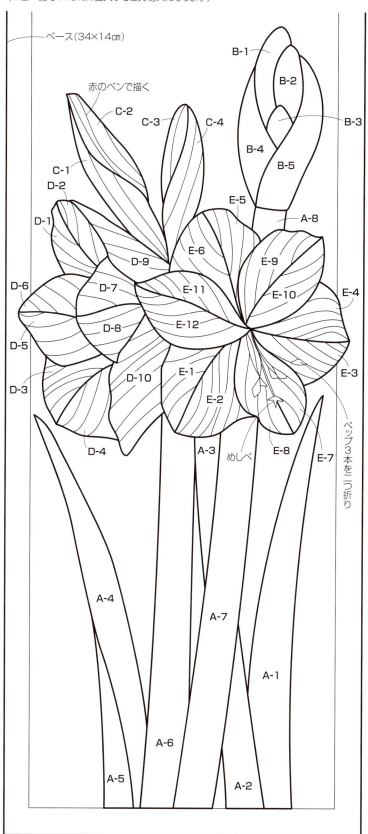

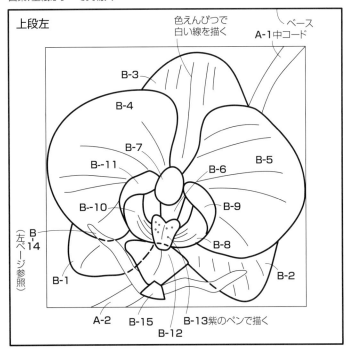
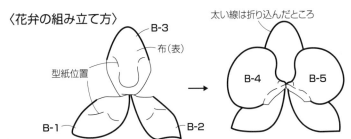

19 胡蝶蘭 ●写真21ページ

（上段左）
【材料】
布／ベース…黒のちりめん　花…紫ぼかしのちりめん
・黄のちりめん
その他／スポンジつき厚紙　両面テープ　厚紙　緑の中コード　ワイヤー

（上段中）
【材料】
布／ベース…黒のちりめん　花…黄ぼかしのちりめん
白のちりめん　つぼみ…薄緑のちりめん
その他／スポンジつき厚紙　両面テープ　厚紙　緑の中コード

（上段右）
【材料】
布／ベース…黒のちりめん　花…白のちりめん　つぼみ…薄緑のちりめん
その他／スポンジつき厚紙　両面テープ　厚紙　緑の中コード

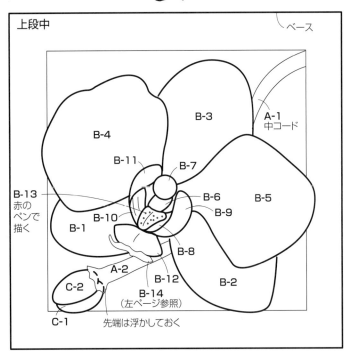
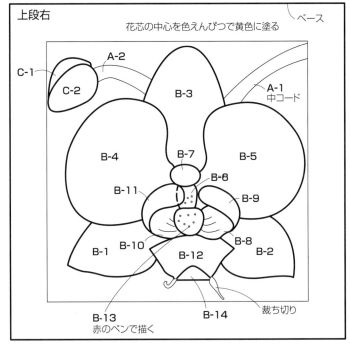

19 胡蝶蘭 ●写真21ページ

（下段左）
【材料】
布／ベース…黒のちりめん　花…薄緑ぼかしのちりめん
黄ぼかしのちりめん、白のちりめん
その他／スポンジつき厚紙　両面テープ　厚紙　緑の中
コード　ワイヤー

（下段中）
【材料】
布／ベース…黒のちりめん　花…紫ぼかしの平絹
その他／スポンジつき厚紙　両面テープ　厚紙　緑の中
コード

（下段右）
【材料】
布／ベース…黒のちりめん　花…ピンクぼかしのちりめん
その他／スポンジつき厚紙　両面テープ　厚紙　緑の中
コード　ワイヤー

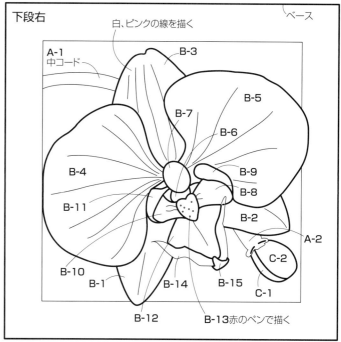

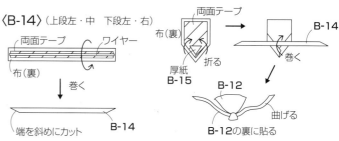

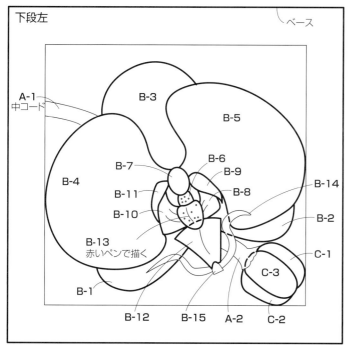

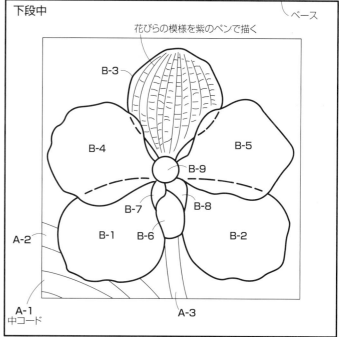

20 七草粥 ●写真22ページ

【材料】
布/ベース…茶柄のちりめん　盆…赤のちりめん　七草…白・黄・濃緑・黄緑ぼかしのちりめん・緑・黒の綿ちりめん、
その他/スポンジつき厚紙　両面テープ　厚紙　黄緑の中コード　黄緑細コード　25番刺しゅう糸黄・薄緑

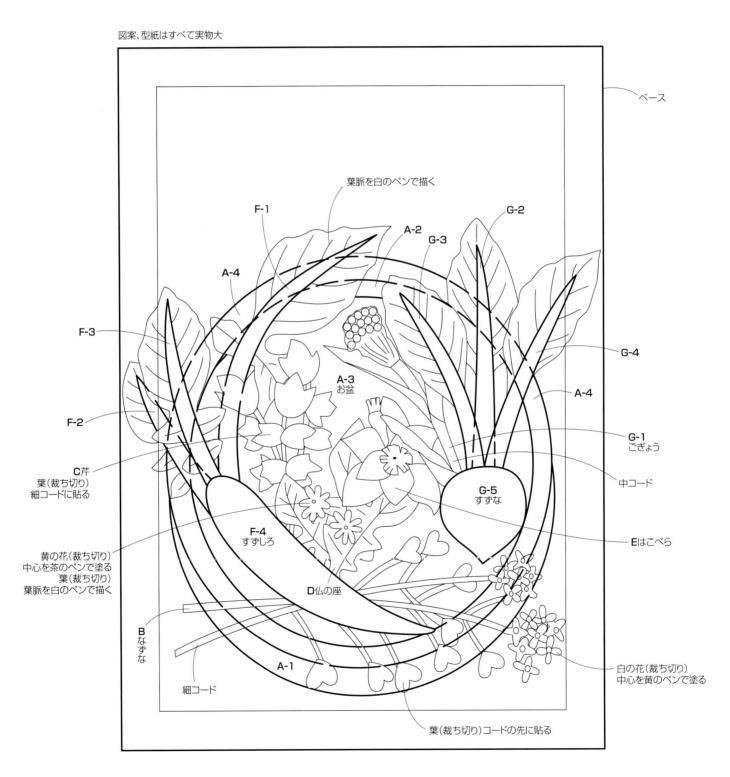

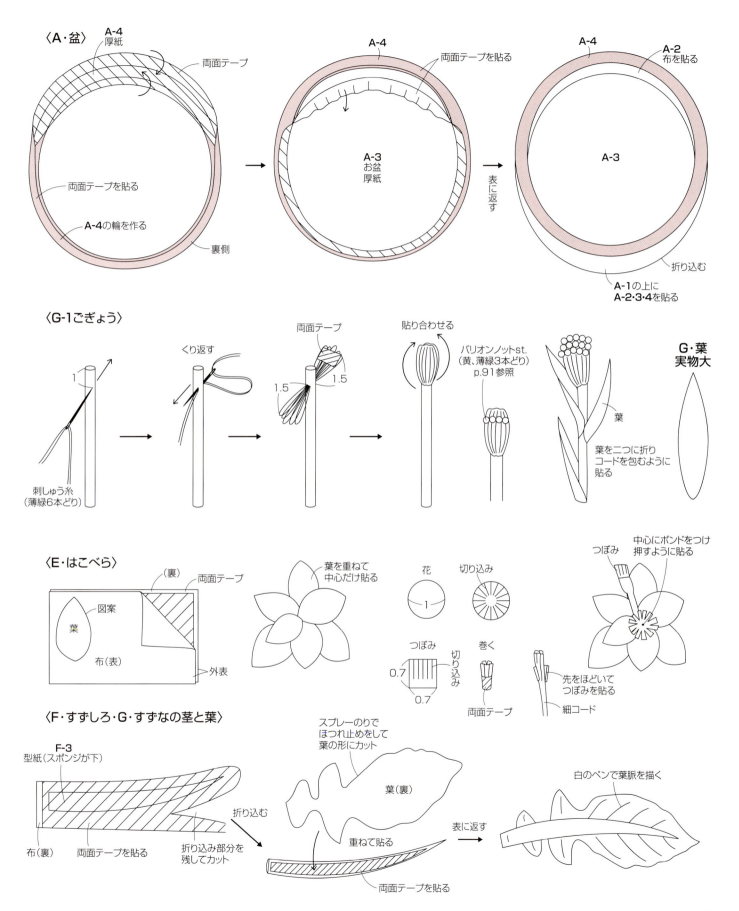

図案、型紙はすべて実物大

ベース

口（白裁ち切り）

目（黄・黒裁ち切り）
重ねて貼る

ストレートSt.
（金糸1本）
p.91参照

A-11
A-10
A-12
A-15　A-16
A-1　A-5
A-13
A-6
A-8
A-2
A-4
A-14
A-9
A-3
A-7

B-1

B-2

B-3

中コード
中の糸を
1本引っ張り
全体を
曲げる

厚紙を貼る

C-1
C-3　　C-2

豆を貼ってから
重ねて貼る

12個作る

C-4

薄茶の
ペンで描く

D-2
D-3
D-1
D-4

黒のペンで
描く

赤いペンで描く

ほお紅を塗る

〈鰯〉

白ちりめん
（裏）
両面テープ

カット

0.2

口に貼る

B-1

黄は2枚を
カットし重ねた上に
黒を貼る

21 節分 ●写真23ページ

【材料】
布／ベース…紫麻布　鬼…赤・朱・黄・黒・白・グレーの綿ちりめん　お多福…白・黒のちりめん　鰯と柊…青縞柄、緑綿、黄・黒の綿ちりめん　豆と桝…黄土色のぼかしちりめん　クリーム色の綿ちりめん
その他／スポンジつき厚紙　両面テープ　厚紙　茶の中コード　金糸

〈鬼〉

太い線は折り込んだところ

①目をくり抜き、裏側から
A-4・5を貼る（p.52参照）

A-2

A-5　A-4
A-3

A-1

キバは外表に
貼り合わせたちりめんを
裁ち切りにする

眉と黒目は
両面テープを
貼った布を
裁ち切りにする

70　「かんたん やさしい 押し絵」

24 端午の節句
●写真26ページ

【材料】
布／ベース…濃紺綿　あやめ…緑綿ちりめん、紫ぼかしのちりめん　敷物…水色綿
かぶと…茶・紫織布、みかん色のちりめん、金の帯地
その他／スポンジつき厚紙　両面テープ　厚紙　緑の中コード　金糸　赤の組みひも

図案、型紙はすべて実物大

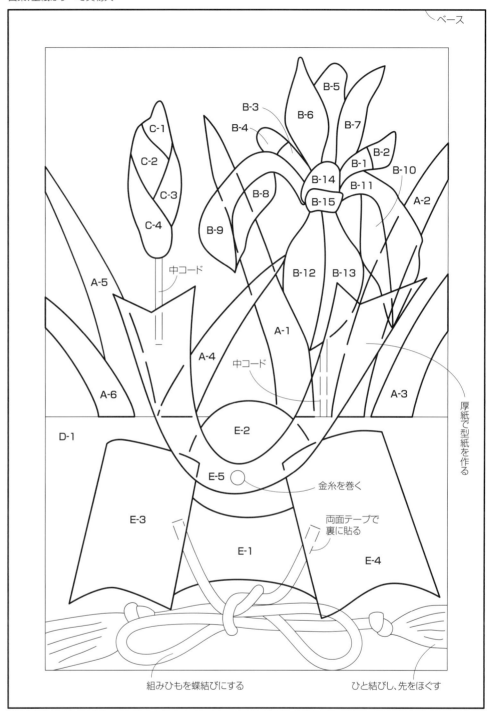

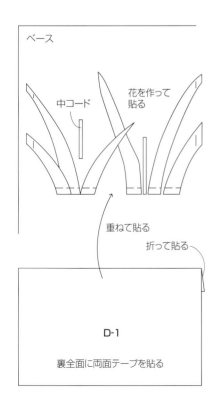

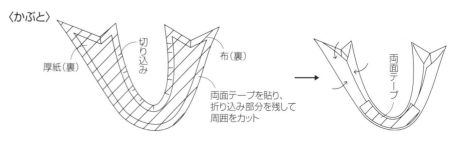

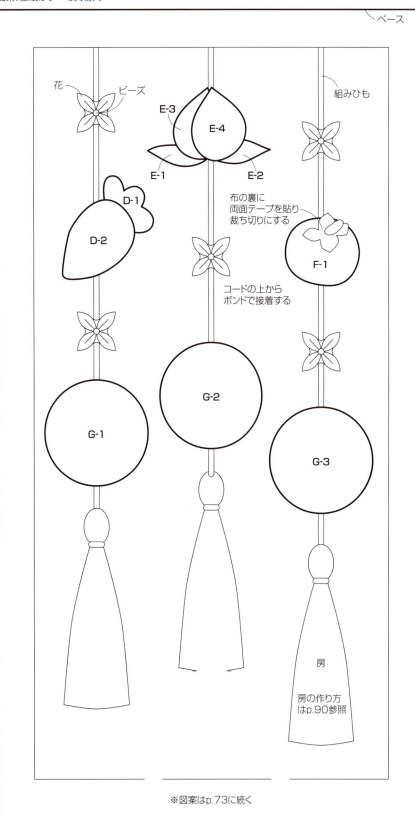

22 うさぎの吊り飾り
●写真24ページ

【材料】
布／ベース…黒のちりめん　吊り飾り…ピンク・赤柄・オレンジ・緑・赤のちりめん
うさぎ…生成りの綿ちりめん、赤・紫・紫柄・ピンク・ピンク柄・黄緑のちりめん　台…織り柄2種　赤のちりめん
その他／ビーズ　茶の細コード　赤・紫の組みひも　スポンジつき厚紙　両面テープ　厚紙

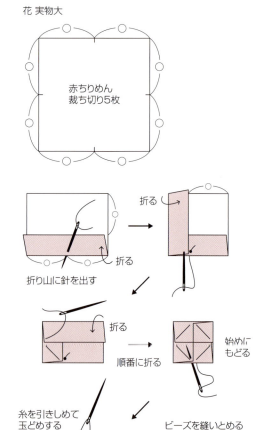

花 実物大

〈うさぎ〉

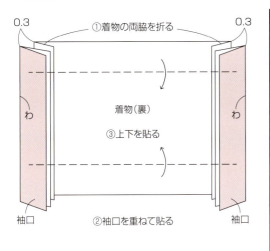

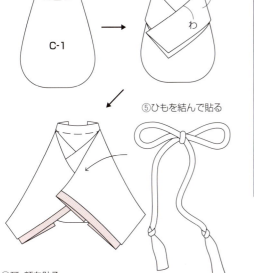

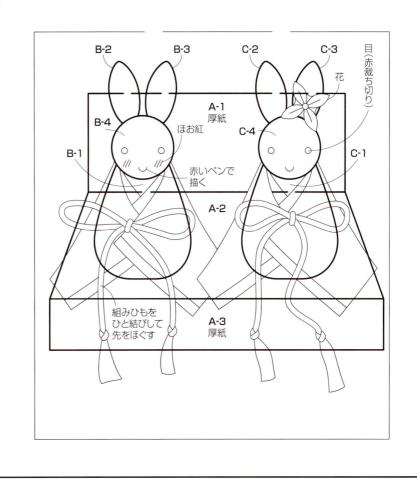

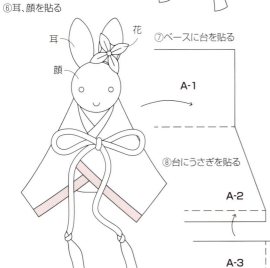

図案、型紙はすべて実物大

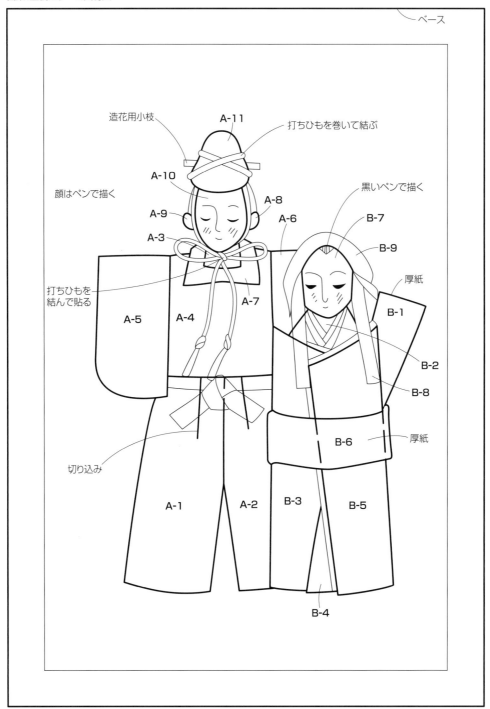

23 ひな人形 ●写真25ページ

【材料】
布／ベース…赤柄の絽着物地　男びな…紫柄・薄紫柄・水色・白・黒のちりめん　金の帯地　女びな…薄紫柄・赤・ピンク・白・黒のちりめん　金の帯地
その他／スポンジつき厚紙　両面テープ　厚紙　造花用小枝　紫の組みひも

〈男びな〉

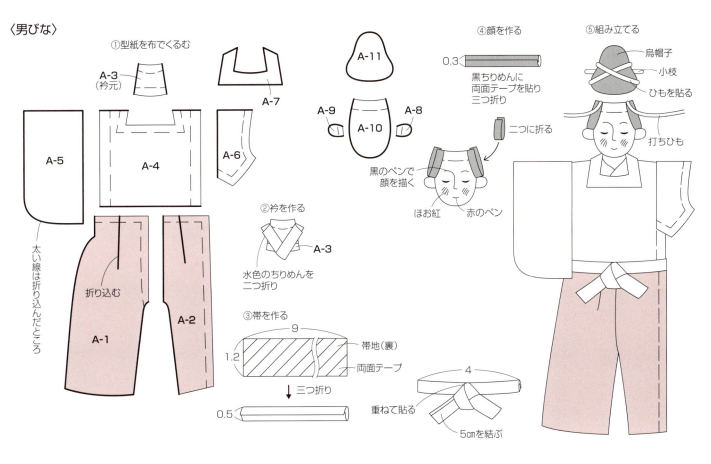

〈女びな〉

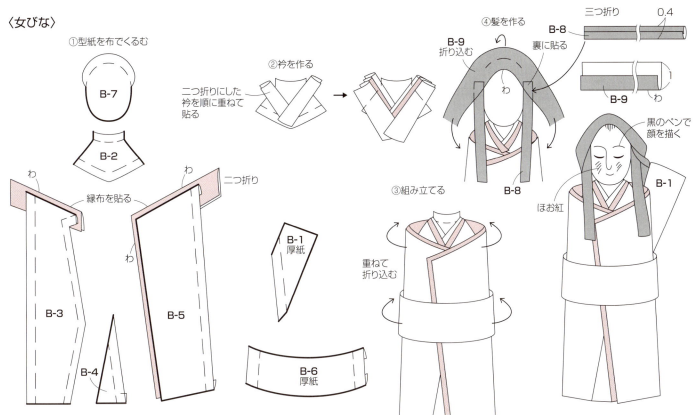

25 梅雨の頃
●写真27ページ

【材料】
布／ベース…水色柄綿　あじさい…紫ぼかし綿ちりめん、緑ぼかし綿ちりめん、黄・朱ぼかしのちりめん、紫・青ぼかし綿ちりめん、生成り・黒のちりめん
その他／スポンジつき厚紙　両面テープ　厚紙　細コード　白の中コード　パールビーズ　シルクリボンピンク・水色
25番刺しゅう糸紫・緑

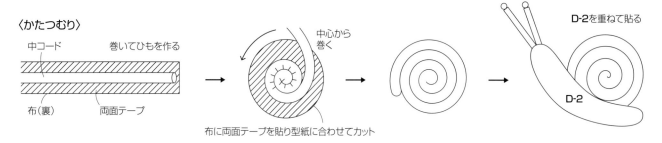

「かんたん やさしい 押し絵」

26 涼風 ●写真28ページ

【材料】
布／ベース…黒のちりめん、畳…ベージュ麻布、白・グレー・黒・紫ぼかし・赤柄・黄土色・緑ちりめん、トンボ柄綿、絽着物地、オーガンジー
その他／スポンジつき厚紙　両面テープ　厚紙　ミニチュアすだれ　ワイヤー　生成りの中コード　細コード　25番刺しゅう糸赤　0.8cm幅シルバー竹ビーズ

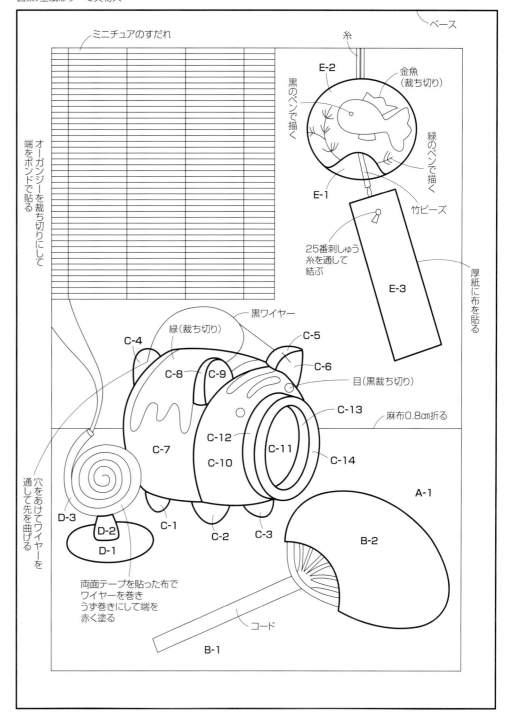

〈うちわ〉

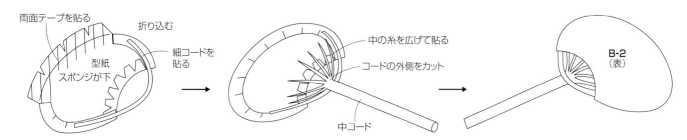

図案、型紙はすべて実物大

27 うさぎのお月見
●写真29ページ

【材料】
布／ベース…藍の綿　敷物…青の綿
月…黄の綿ちりめん　三方…黄土の綿
ちりめん　うさぎ…生成り綿ちりめん・
ピンクちりめん　だんご…白のちりめ
ん　ききょう…紫の綿ちりめん　ワレ
モコウ…えんじ綿ちりめん
その他／スポンジつき厚紙　両面テー
プ　厚紙　緑・黄緑の細コード　緑
の造花用テープ　5番刺しゅう糸ベー
ジュ　25番刺しゅう糸黄緑

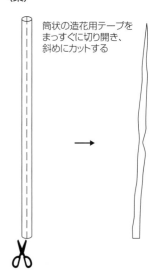

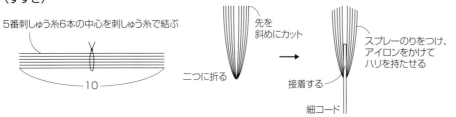

78「かんたん やさしい 押し絵」

28 ハロウィン ●写真30ページ

【材料】
(左) 布／ベース…藍綿、黒・黄・白のちりめん
(中) 布／ベース…黒のちりめん、みかん色・緑の綿ちりめん、黄のちりめん　中コード
(右) 布／ベース…藍綿、黒・黄・白のちりめん、オレンジ柄綿
小枝　麻ひも　ベージュちぢれた糸　25番刺しゅう糸黒
(共通) その他／スポンジつき厚紙　両面テープ　厚紙

図案、型紙はすべて実物大

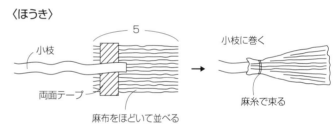

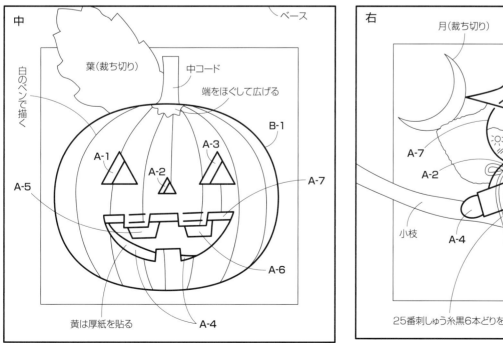

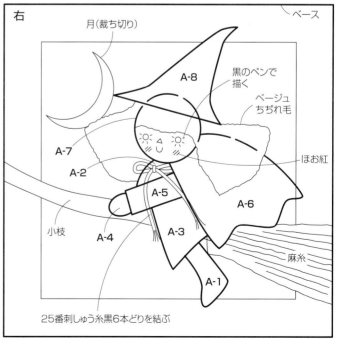

29 クリスマス
●写真31ページ

【材料】

布／ベース…緑柄綿 サンタクロース…白・赤茶柄・こげ茶柄・緑の綿 ベア…クリーム・緑のチェック・赤茶柄・ベージュ柄の綿

その他／ビーズ ピンク・ベージュのフェルト 薄キルト綿 0.3 cm幅金リボン 0.8 cm幅リボン ベル 造花用柊葉と実 ワイヤー 粗目の麻布 小枝 スポンジつき厚紙 両面テープ 厚紙

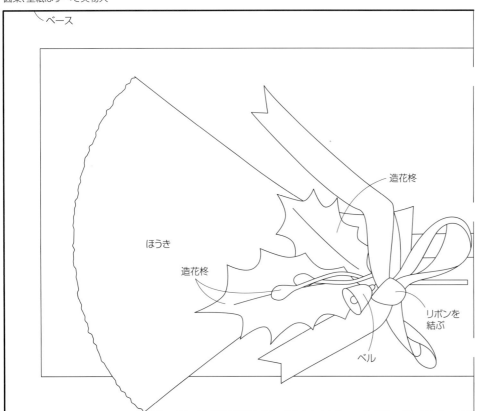

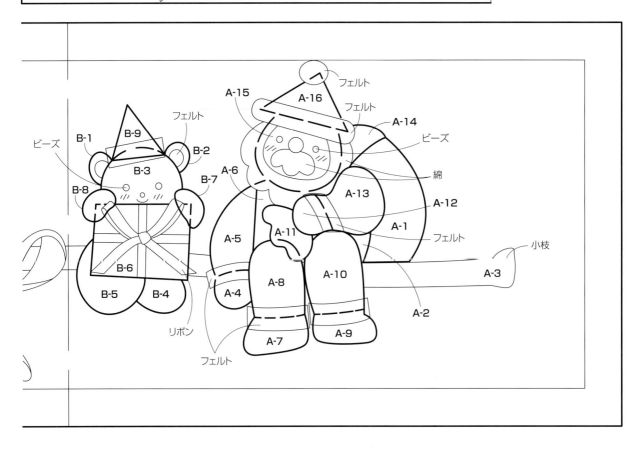

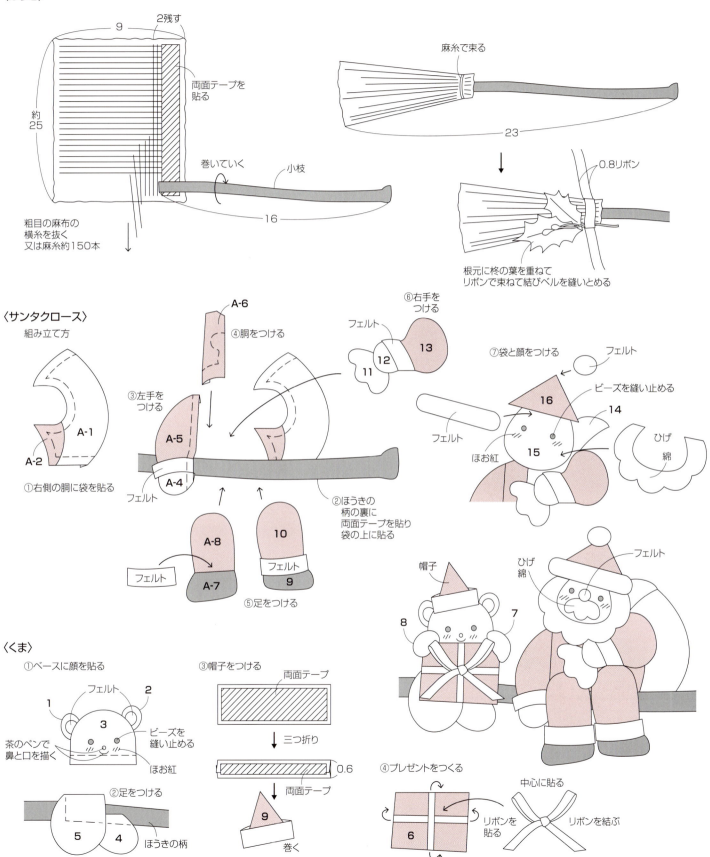

30 七五三 ●写真32ページ

【材料】
布／ベース…黒のちりめん　着物…赤柄・白のちりめん　ぞうり…ピンク柄・赤柄のちりめん　千歳飴…黄ぼかし・赤柄・赤・水色柄・紫ぼかし・鶴の柄のちりめん　つまみ細工…赤・ピンク・朱のちりめん
その他／細コード　赤の細組みひも　ビーズ　ミニチュアかんざし　手縫い糸黄
スポンジつき厚紙　両面テープ　厚紙

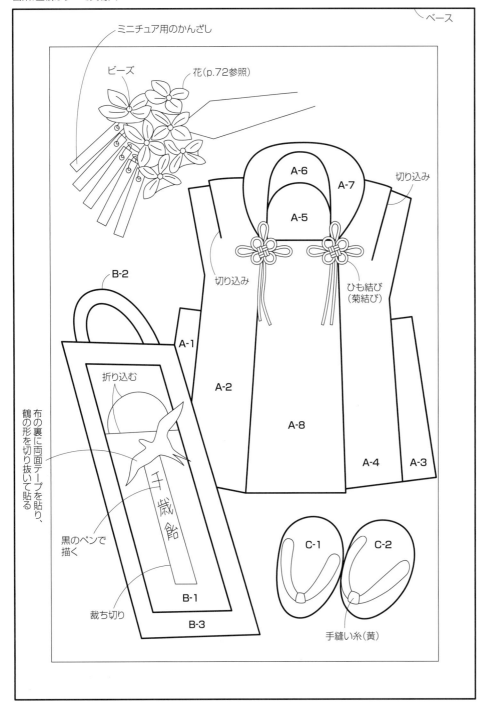

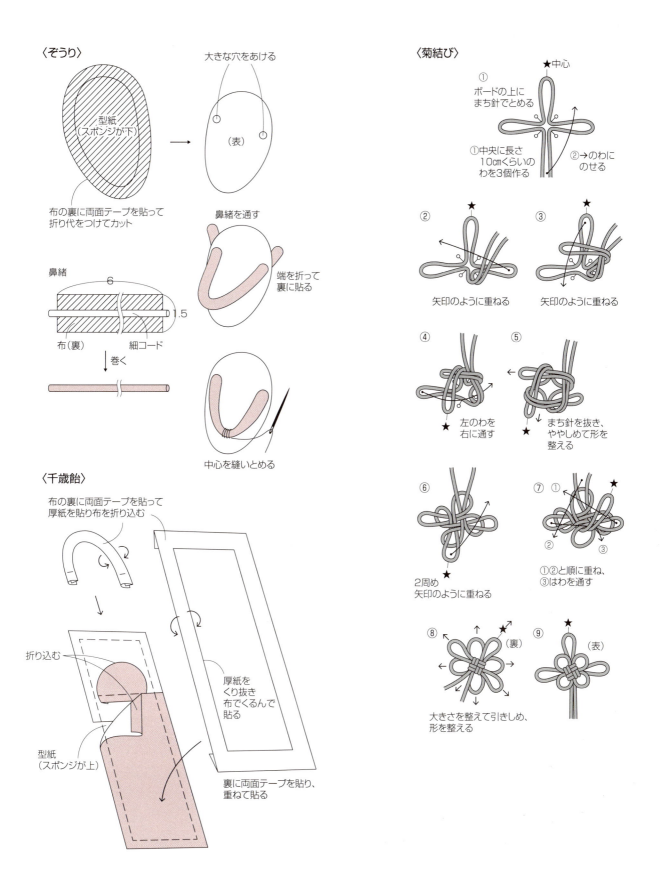

図案、型紙はすべて実物大

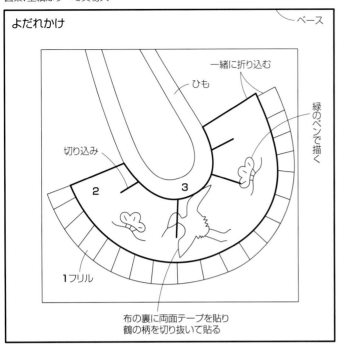

31 お宮参り ●写真33ページ

よだれかけ
【材料】
布／ベース…黒のちりめん　よだれかけ…白の織り布　鶴の柄のちりめん
その他／スポンジつき厚紙　両面テープ　厚紙

着物
【材料】
布／ベース…黒のちりめん　着物…赤柄・白のちりめん
その他／スポンジつき厚紙　両面テープ　厚紙

犬張子
【材料】
布／ベース…黒のちりめん　犬張子…生成りの綿ちりめん
黒・紫柄・赤柄・赤・水色のちりめん
その他／スポンジつき厚紙　両面テープ　厚紙
赤の太組みひも　金糸

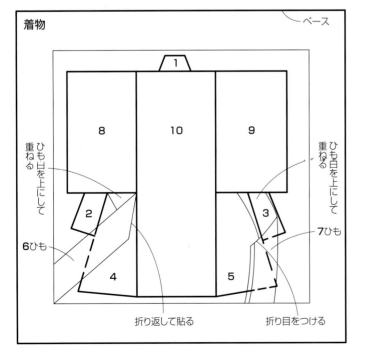

〈着物のひも〉

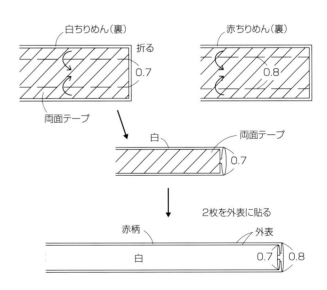

⟨p.84 よだれかけ⟩

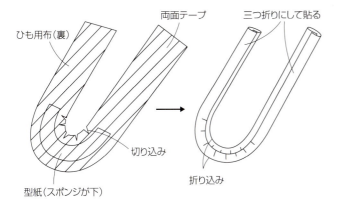

犬張子

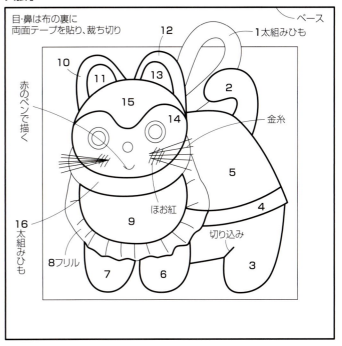

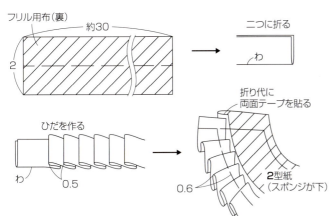

⟨犬張子⟩

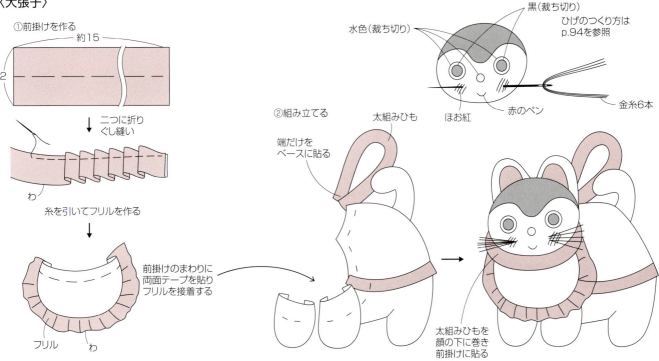

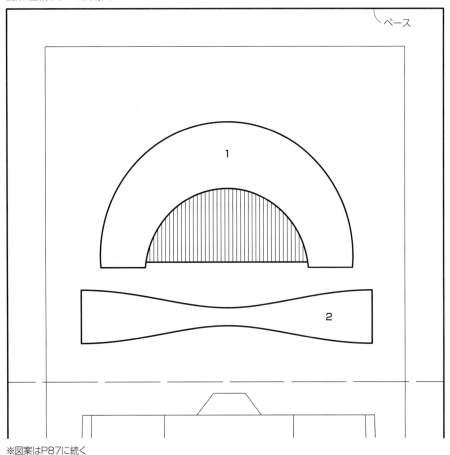

32 着物 ●写真34ページ

【材料】
布／ベース…黒のちりめん
くし・かんざし…赤の刺しゅう布
着物…薄紫柄・ピンクのちりめん
はこせこ…緑柄・白のちりめん
その他／スポンジつき厚紙　両面テープ
厚紙　竹ひご　赤の細組みひも　銀の飾り

※図案はP87に続く

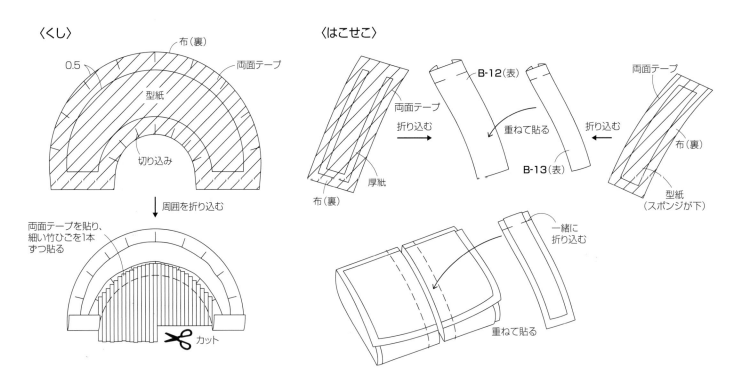

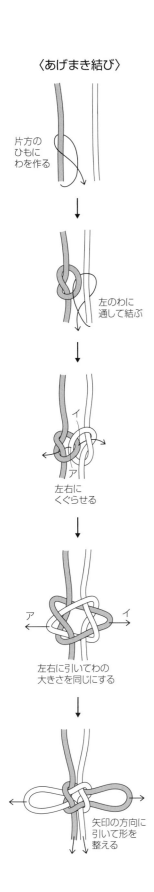
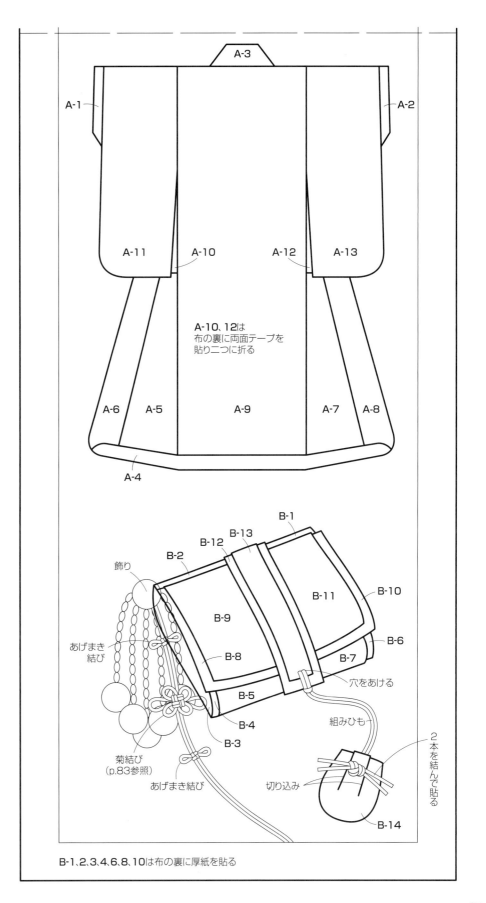

図案、型紙はすべて実物大　　　　　　　　　　　　　　　　　　　　　ベース（26×17㎝）

色えんぴつで耳にピンクを塗る

B-23　B-24

C-21　C-22

ミニチュアの
かんざし

ビーズ

花（p.72参照）

C-24　切り込み

目を
黒のペンで描く

B-25　ほお紅

C-23

口を赤の
ペンで描く

B-3
B-4
B-21

B-5

C-9
C-10
C-11

白（裁ち切り）

B-8　B-9

B-22

B-19

C-16

B-17

C-17　C-18

黒のペンで
描く

羽織紐

B-6　B-7

C-19

しぼり

C-20

袴の
ひも

帯締め

B-14

C-14

C-8

C-15

B-16　B-20

C-7

B-15

C-12

C-13

扇子

A-1

B-18

組ひも　扇子

B-13

C-5

C-6

B-11　B-10　B-12

C-3　C-1　C-2　C-4

B-1　B-2

88　「かんたん やさしい 押し絵」

33 うさぎの婚礼 ●写真35ページ

【材料】
布／ベース…灰色柄・黒のちりめん　雄うさぎ…黒・白のちりめん　生成りの綿ちりめん　黒茶の縞柄　雌うさぎ…赤柄・朱色・白・ピンク柄のちりめん　生成りの綿ちりめん　赤のしぼり　金の帯地
その他／スポンジつき厚紙　両面テープ　厚紙　白・赤の組みひも　細コード　ミニチュアかんざし　ビーズ　竹ひご　金・白の紙

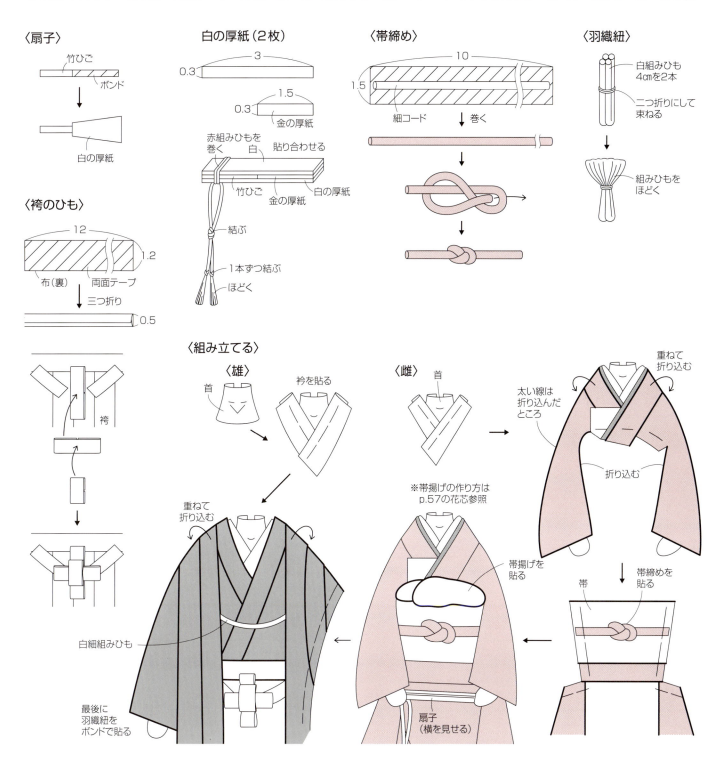

図案、型紙はすべて実物大

婚礼衣装

※組み立て方はp.89参照

34 結婚式 ●写真36ページ

婚礼衣装
【材料】
布／ベース…灰色柄のちりめん　着物…黒・黒柄・白・赤・朱色のちりめん　黒茶の縞柄　金の帯地　赤のしぼり
その他／赤・白の細組みひも　スポンジつき厚紙　両面テープ　厚紙

三三九度セット
【材料】
布／ベース…灰色柄のちりめん　三方・三つ重杯・銚子・蝶飾り…赤・白・緑・ピンクのちりめん
その他／金のワイヤー　細コード　金糸　スポンジつき厚紙　両面テープ　厚紙

〈袴のひも〉

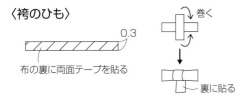

〈房の作り方〉

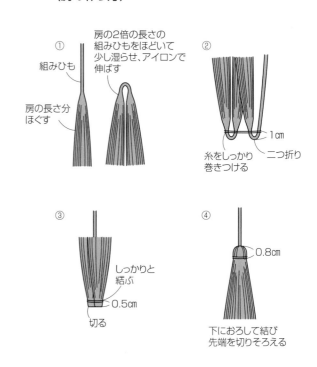

三三九度セット

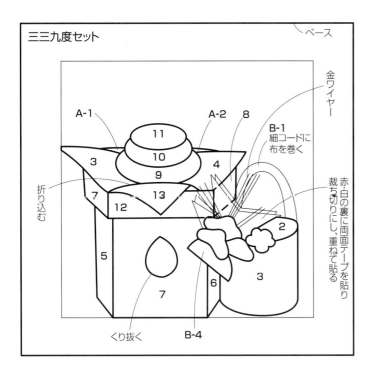

90　「かんたん やさしい 押し絵」

刺しゅうステッチ

ストレートステッチ

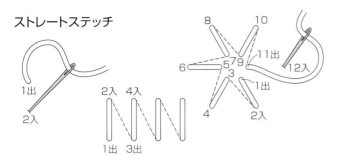

アウトラインステッチ

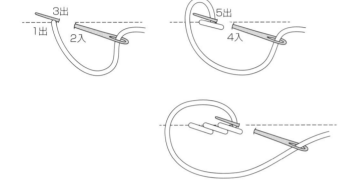

フレンチノットステッチ

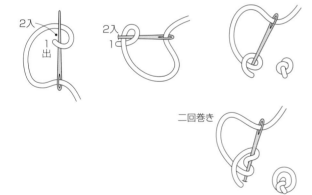

バリオンステッチ

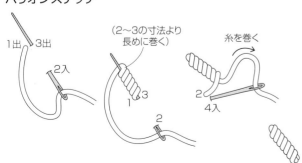

●写真5ページ　作り方レッスンは46ページ
図案、型紙はすべて実物大

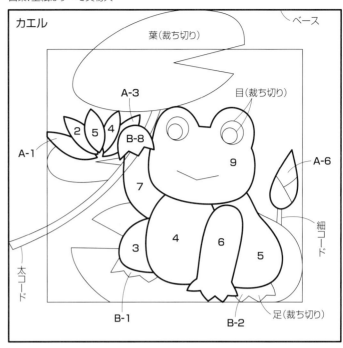

●写真12ページ　作り方レッスンは44ページ

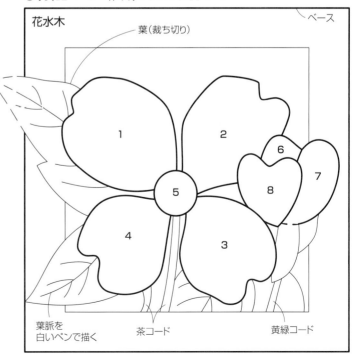

91

図案、型紙はすべて実物大

35 市松人形 ●写真37ページ

【材料】
布／ベース…赤柄のちりめん 人形(顔・手・足袋・首)…白のちりめん 着物…薄グレー柄・赤・赤柄・赤しぼり・ピンクのちりめん 髪…黒の繻子
その他／スポンジつき厚紙 両面テープ 厚紙 赤の細組みひも

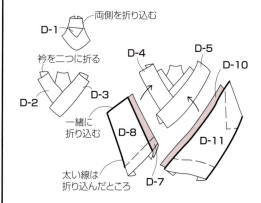

〈衿元〉

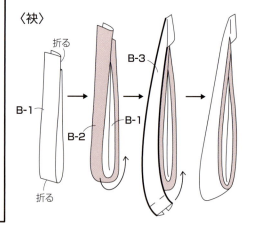

〈袂〉

92「かんたん やさしい 押し絵」

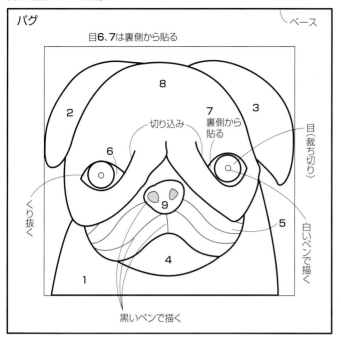

40 パグ ●写真39ページ

【材料】
布／ベース…黒のちりめん　犬…黄・グレー・黒・白のちりめん
その他／スポンジつき厚紙　両面テープ　厚紙

39 フレンチブルドッグ ●写真39ページ

【材料】
布／ベース…黒のちりめん　犬…生成り　グレー・黒・白のちりめん
その他／スポンジつき厚紙　両面テープ　厚紙

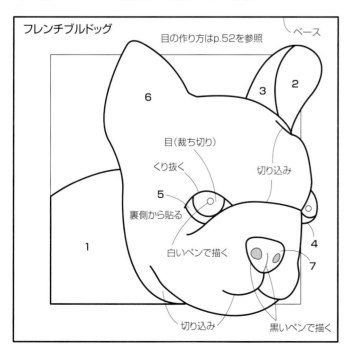

44 ペンギン ●写真42ページ

【材料】
布／ベース…水色ぼかし・水色ストライプの綿　ペンギン…グレーぼかし・黒・白・オレンジの綿ちりめん
その他／スポンジつき厚紙　両面テープ　厚紙

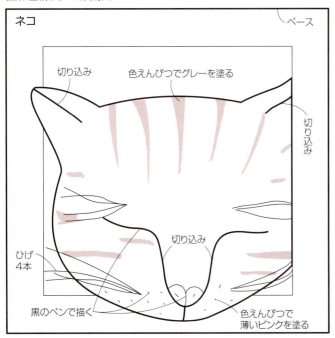

36 ネコ ●写真38ページ

【材料】
布／ベース…黒のちりめん　ネコ…グレーぼかしの綿ちりめん
その他／スポンジつき厚紙　両面テープ　厚紙　生成りの糸
（キルト糸・固めの糸）

37 スコティッシュフィールド
●写真38ページ

【材料】
布／ベース…黒のちりめん　ネコ…みかん色のぼかし綿ちりめん　目…黄・黒・白のちりめん
その他／スポンジつき厚紙　両面テープ　厚紙　生成り糸

38 アビシニアン　●写真38ページ

【材料】
布／ベース…黒のちりめん　ネコ…黄土色の綿ちりめん　白のちりめん　目…白・黒・黄のちりめん
その他／スポンジつき厚紙　両面テープ　厚紙　生成り糸

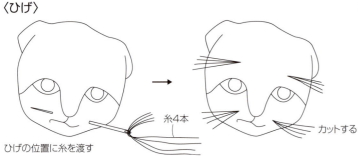

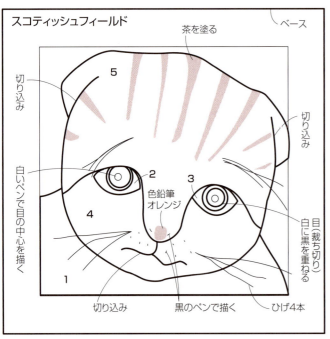

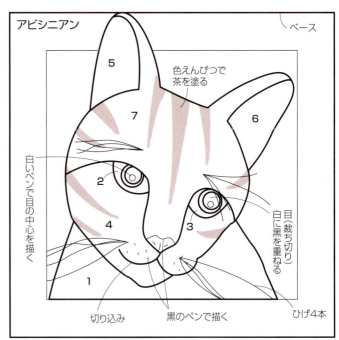

94 「かんたん やさしい 押し絵」

41 セキセイインコ ●写真40ページ

【材料】
布／ベース…黒のちりめん　インコ…黄・黄緑ぼかしの綿ちりめん、紫・白・黒・ピンク・黄のちりめん
木…生成り柄綿
その他／スポンジつき厚紙　両面テープ　厚紙　黒ビーズ

42 オカメインコ ●写真40ページ

【材料】
布／ベース…黒のちりめん　インコ…黄ぼかし・みかん色のちりめん　木…薄茶柄綿
その他／スポンジつき厚紙　両面テープ　厚紙　黒ビーズ

43 ボタンインコ ●写真40ページ

【材料】
布布／ベース…黒のちりめん　インコ…黄・黄緑ぼかし・赤・朱色・緑の綿ちりめん、グレー・ピンクのちりめん
木…薄茶柄綿
その他／スポンジつき厚紙　両面テープ　厚紙　黒ビーズ　ワイヤー

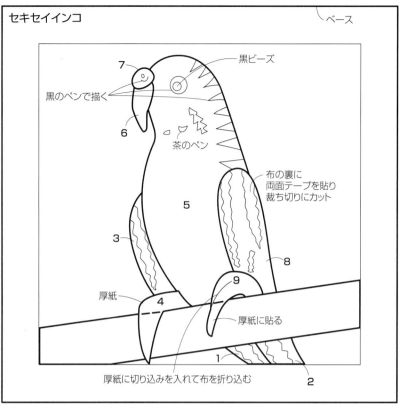

※3点のベースは同寸

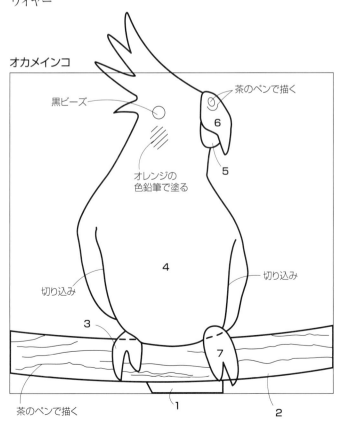

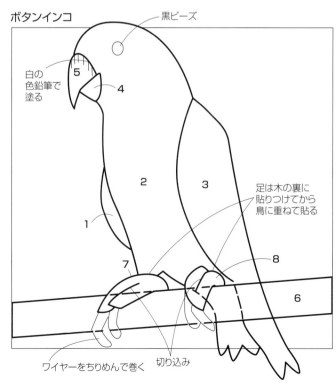

[Staff]
撮影／渡辺淑克　森谷則秋(p.43〜48)
スタイリング／田中まき子
ブックデザイン／寺山文恵
編集協力／鈴木さかえ
トレース／WADE
編集担当／寺島暢子

[用具提供]
クロバー株式会社　http://www.clover.co.jp/
Tel 06-6978-2277（お客様係）

＊本誌に掲載する著作物の複写に関わる複製、上映、譲渡、公衆送信(送信可能化を含む)の各権利は株式会社日本ヴォーグ社が管理の委託を受けています。
＊ JCOPY ＜(社)出版者著作権管理機構 委託出版物＞
本書の無断複写は著作権法上での例外を除き禁じられています。複写される場合は、そのつど事前に、(社)出版者著作権管理機構(電話 03-3513-6969、FAX 03-3513-6979、e-mail: info@jcopy.or.jp)の許諾を得てください。
＊万一、乱丁本、落丁本がありましたら、お取替えいたします。お買い求めの書店か小社販売部へお申し出ください。
＊本書に掲載の作品を商業用に複製することは、固くお断りいたします。

あなたに感謝しております　We are grateful.

手づくりの大好きなあなたが、この本をお選びくださいましてありがとうございます。
内容はいかがでしたでしょうか？　本書が少しでもお役に立てば、こんなにうれしいことはありません。
日本ヴォーグ社では、手づくりを愛する方とのおつき合いを大切にし、ご要望におこたえする商品、サービスの実現を常に目標としています。小社及び出版物について、何かお気付きの点やご意見がございましたら、何なりとお申し出ください。
そういうあなたに私共は常に感謝しております。

株式会社日本ヴォーグ社社長　瀬戸信昭
FAX 03-3383-0602

やさしいかんたん押し絵

発行日／2017年10月28日
発行人／瀬戸信昭
編集人／今ひろ子
発行所／株式会社日本ヴォーグ社
〒164-8705　東京都中野区弥生町5-6-11
TEL 03-3383-0634（編集）
TEL 03-3383-0628（販売）
振替／00170-4-9877
出版受注センター　TEL 03-3383-0650
FAX 03-3383-0680
印刷所／大日本印刷株式会社
Printed in Japan © NORIKO NISHIMOTO 2017
ISBN978-4-529-05745-5　C5077
NV70445

日本ヴォーグ社関連情報はこちら
（出版、通信販売、通信講座、スクール・レッスン）
http://www.tezukuritown.com/　[手づくりタウン] [検索]